CONSIDERATIONS

SVR

LA REQVESTE

QVE LES DOCTEVRS DE PORT-ROYAL ont presentée au Roy.

M. DC. LXVIII.

CONSIDERATIONS
SUR LA REQVESTE
QVE LES DOCTEVRS DE PORT-ROYAL
ont preſentée au Roy.

ES hommes vivent dans de ſi grandes tenebres d'ignorance, que non ſeulement la verité eſt diminuée parmi eux, & qu'ils aiment la vanité, & cherchent l'impoſture; mais qu'ils adorent meſme les idoles de leurs penſées & de leurs cœurs. Il n'y a rien de plus viſible que l'empire de l'illuſion dans la pluſpart des eſprits, & l'on ne peut douter qu'ils ne déferent au menſonge les meſmes honneurs, que Dieu les oblige de rendre à ſa verité. Ce ſont des perſonnes de ce rang, qui ont relevé par des loüanges infinies la Requeſte que Mʳˢ de P. R. ont adreſſée au Roy contre celle de M. d'Ambrun, & qui ont donné ſujet à des hommes tres-ſages de remarquer la prudence de S. M. qui bien loin de ſe laiſſer attirer, par ces acclamations affectées, à voir cét écrit, s'eſt retenuë d'en entendre la lecture par le ſouvenir de la deſobeïſſance de ſes auteurs. Mais plus ce grand Prince a fait admirer en cette rencontre la fidelité qu'il garde à ſes loix, & à celles de l'Egliſe; plus un grand nombre de ſes ſujets ont fait paroiſtre combien de paſſions concourent à inſpirer de l'amour pour ces ouvrages, en ceux-là meſme qui dans leur cœur en condamnent la cauſe. Quelques-uns les recherchent par l'engagement qu'ils ont à un parti naiſſant: d'autres, parce qu'ils brûlent de curioſité pour les choſes nouvelles; pluſieurs par la faveur qu'ils donnent naturellement à ceux qui les divertiſſent. Il y en a qui cherchent dans la licence de ces libelles le plaiſir de voir humilier quelques perſonnes illuſtres; pluſieurs ſe flattent de la gloire d'eſtre les arbitres de la victoire entre les hommes doctes; on nourrit agreablement ſon inclination à l'indépendance: Enfin le plaiſir d'eſtre ſpectateur d'une rebellion hardie, de ſentir les charmes d'une éloquence adroite, de prendre part à la licence de la fatyre & de l'impofture, & d'autres refforts femblables de l'efprit criminel de l'homme, font recevoir avec une incroiable avidité ces écrits contentieux. Mais il y a des efprits éclairez, qui ne fe laiffent point ébloüir à l'éclat apparent de ces ouvrages; ils en penetrent le fond, & ils en jugent tout autrement que le vulgaire. On verra par les confiderations que nous allons faire fur ce chef-d'œuvre de ces M^{rs}, qui en cette occafion enfin ont declaré leur nom, & ont appris aux défenfeurs de l'Eglife que ce n'eft plus contre des perfonnes mafquées qu'ils combattent; on verra dis-je combien les deux chefs des guerres prefentes, employent de mauvais raifonnemens dans leur Requefte qui a efté juftement rejettée; combien le jugement & le bon fens y manquent par tout; qu'ils ne fe fondent que fur des illufions & fur des erreurs; & qu'il ne fe peut voir de difcours plus vain, plus témeraire, & qui parte d'un efprit plus femblable à celuy de tous les herétiques. J'en reprefenterai toutes les paroles, & je ferai voir par une diffection exacte de toutes fes parties, qu'elles font pleines d'un artifice trompeur, & qu'ils y mêlent fans ceffe la fauffeté avec la foibleffe.

D'abord ils deshonorent le Roy en plufieurs manieres; ils fe montrent maladroits à établir leur fondement, & ils luy donnent des mefures qui n'ont rien de jufte ni de reglé. Auffi-toft qu'ils font entrez en matiere, ils en fortent, & en difputant mal à propos un feul avantage à M. d'Ambrun, ils font forcez de luy ceder tous ceux qu'il avoit remportez fur eux. Ils pretendent que c'eft laver tout leur parti, d'en rejetter les crimes fur un feul de leurs Ecrivains, quoi qu'il parle pour tous, & qu'aucun d'eux ne le defavoüe. Ils nient legerement des impietez, que leur confcience leur reproche, & dont on les convainc par leurs écrits. Ils fe vantent de leur fidelité envers le Roy, contre qui ils profeffent une rebellion ouverte. Ils juftifient mal leur retraite pretendue, & encore plus mal leur defobeïffance à l'Eglife. Ils repetent leur chant odieux de la diftinction du fait & du droit, & offenfent le Roy, en le penfant flater par cette illufion, dont S. M. a de l'horreur. Enfin ils tombent dans l'impieté des herétiques, en appellant au Roy des jugemens de la foy que l'Eglife à prononcez. C'eft ce que les lecteurs verront avec étonnement & avec indignation; & s'ils ne font point prevenus, il leur fera impoffible de porter un autre jugement fur tout cét écrit, que l'on a neantmoins tâché d'autorifer par mille vains applaudiffemens.

PAROLES DE M^{rs} DE P. R. pag. 4.

M. d'Ambrun peut avoir rendu contre fon intention un grand fervice à l'Eglife, en engageant V. M. à connoiftre par elle mefme qui font les veritables auteurs des divifions qui la troublent. Il n'en faut pas davantage pour luy redonner le calme & la paix; & fi-toft que V. M. fe fera appliquée avec quelque foin à une fi grande & fi importante affaire elle diffipera fans peine les nuages dont on a tafché jufqu'ici de l'obfcurcir.

CONSI-

CONSIDERATIONS SVR CES PAROLES.

Pour connoiftre felon voftre fens, Meffieurs, quels font les auteurs des divifions prefentes, il faudroit fçavoir ce que Ianfenius enfeigne touchant les propofitions condamnées, & fi vous avez raifon de ne vous pas foûmettre à la cenfure que l'Eglife a faite de fa doctrine. Le Roy fçait que ceux-là feuls qui refufent de foufcrire le Formulaire du Pape, font les auteurs des divifions prefentes; & S. M. n'a pas befoin de nouvelle difcuffion aprés celle du S. Siege, pour vous obliger de luy obeïr.

M. d'Ambrun eft difpofé comme le doit eftre un Evefque catholique, lorfqu'il n'a pas l'intention que le Roy juge une caufe qui regarde la Foy, & qu., à l'inftance de S. M. a efté jugée par le S. Siege. Mais pour vous, vous eftes difpofez comme l'ont efté de tout temps les herétiques, qui fe voiant condamnez par l'Eglife, fe font adreffez aux Empereurs pcur en obtenir de nouveaux juges. Ainfi fans parler encore des anciens, dont les exemples ne vous font pas inconnus, les Miniftres de Charenton priérent le feu Roy Louïs le Iufte, *de les écouter en leurs juftes plaintes; & pour juger de la caufe de leur Religion, de ne fe pas contenter d'ouïr leurs accufateurs.* Mais le Roy n'a point d'autre fentiment fur ce fujet, que ceux des Empereurs Theodofe & Bafile, dont le premier écrivit en ces termes par le Comte Candidien au Concile d'Ephefe: [a] *Il n'eft point permis à celuy qui n'eft pas de l'ordre des Evefques, de fe mêler des conteftations & des affaires Ecclefiaftiques.* Et le fecond dit luy-mefme dans le V I I I. Concile General: [b] *Ie declare qu'il n'eft permis à aucun laïque d'examiner les caufes Ecclefiaftiques.* Que fi vous ne vouliez pas vous en rapporter à ces grands Princes, vous en deviez croire S. Auguftin, qui a dit fouvent aux Pelagiens: [c] *A Dieu ne plaife que les Puiffances chreftiennes qui gouvernent la Republique de la terre, donnent du temps, & affignent un lieu à ceux qui combattent la Foy, pour l'examiner de nouveau. Mais pluftoft eftant perfuadez de la verité, & la regardant comme le fondement fur lequel ils font affermis, ils doivent retenir dans le devoir, ceux qui comme vous, s'en declarent les ennemis.*

Au refte, fi vous doutez de l'application que le Roy a donnée à cette affaire pour s'en bien inftruire, lifez dans le Procés verbal de l'Affemblée generale du Clergé de l'an 1660. ce que S. M. en dit aux trois Prefidens, & vous verrez qu'elle s'en rapporte abfolument au jugement du S. Siege & des Evefques, & que fans rechercher d'autre information, *elle fe croit obligée par les raifons de fa confcience, de fon honneur, & de fon Eftat, d'executer les decifions de l'Eglife.* Que fi le Roy, comme vous le fuppofez dans voftre Requefte, ne voyoit voftre affaire que dans l'obfcurité & fous des nuages, il auroit donc donné, fans connoiffance de caufe, fon Arreft dans fon Confeil d'Eftat le 13. d'Avril

B

a Nefas eft euni qui fanctiffimorum Epifcoporum catalogo afcrip us non eft, Ecclefiafticis negotiis, & confultationibus fe immifcere.

b Laïco cuicunque nulla ratione de Ecclefiafticis caufis difputandi fas effe dico, &c.

c Abfit à chriftianis Poteftatibus terrenæ Reipublicæ, ut catholicæ fidei oppugnatoribus locū, & tempus examinis præbeant : ac non potiùs in ea certi atque fundati, talibus, quales vos eftis, inimicis ejus, difciplinam coërcitionis imponant.

1661. par lequel il oblige tous les Ecclefiaftiques à figner le Formulaire
de l'Affemblée de 1655. & en un mot tout ce que fa Majefté a demandé
à Rome ; tout ce qu'elle a declaré de fes fentimens aux Evefques ; tout
ce qu'elle a refolu dans fon Parlement, & dans fon Confeil fur le Ianfenifme, tout cela n'auroit efté que l'ouvrage d'un Roy éblouï ; & les jugemens des Papes & des Evefques, ne feroient que des refveries de gens
affoupis.

PAGE 4.

M. d'Ambrun a étably cette nouvelle maxime, que c'eft une infolence criminelle à des fujets d'ofer dire que les Roys peuvent quelquefois eftre furpris.

C'eft une injufte accufation que vous formez contre M. d'Ambrun ;
& pour vous en convaincre, il ne faut que rapporter fes propres paroles : *Toute l'Europe admire la vigilance infatigable de V. M. qui entre
dans le détail des moindres affaires. Les Ecrivains de P. R. ont eu toutefois l'infolence de l'accufer de furprife lorfqu'elle parle le plus folennellement dans fes Arrefts.* Eft-ce dire la mefme chofe que ce que l'on attribuë à M. d'Ambrun, comme par une maxime & une regle generale,
fçavoir, *que c'eft une infolence à des fujets de dire que les Roys peuvent
quelquefois eftre furpris ?* M. d'Ambrun parle d'un Roy vigilant & infatigable dans la difcuffion des affaires, & on le fait parler de tout Roy
en general, comme fi tous les Roys eftoient auffi fages & auffi éclairez,
que Loüis X I V. M. d'Ambrun parle des fujets qui font Preftres, &
Docteurs, & qui ne conteftent contre les jugemens que de mauvaife
foy, & par des diftinctions, qui ne ferviroient pas moins à toute autre
herefie qu'à la leur ; & l'on étend fes paroles indifferemment à toutes
fortes de fujets. M. d'Ambrun dit que c'eft une infolence, nonobftant
les foins & la vigilance que le Roy apporte dans les moindres affaires,
de l'accufer de fe laiffer furprendre dans les plus importantes, c'eft-à-dire
dans celles qu'il examine en fon Confeil d'Eftat, dans celles où il prend
l'avis de fes Miniftres, dans celles qu'il termine par des Arrefts folen-
nels, dans celles qui regardent la Religion, & la publication de l'Ecriture contre les loix de l'Eglife, & l'on veut qu'une parole fi finguliere
& fi determinée à la pefonne d'un fi grand Roy, puiffe convenir à tous
les Roys, lors mefme qu'ils negligent les plus grandes affaires. M.
d'Ambrun parle de la fageffe & de la juftice du Roy dans un Arreft qu'il
a donné dans fon Confeil en confirmation d'une Ordonnance de M. l'Archevefque de Paris, qui depuis a efté autorifée par un Bref du Pape, &
dont l'équité a paru par la nullité de la permiffion de feu M. l'Archevefque de Cambray, ainfi que l'acte des grands Vicaires, & des principaux
Chanoines de cette Eglife, que le public a vû, le montre plus clair que
le jour, fans que l'on y ait pû faire aucune réponfe ferieufe, & qui té-
moigne de la crainte de Dieu. Toutefois c'eft dans une caufe fi fainte,
& fi examinée, que l'on ofe dire que le Roy a efté furpris, fous pretexte
que les Roys en general peuvent l'eftre quelquefois. quel rapport y a-

t'il entre les paroles prudentes, refpectueufes au Roy, certaines &
exactes de M. d'Ambrun, & celles des Docteurs de P. R. qui font in-
confiderées, injurieufes au Roy, & fi pleines de fauffetez, qu'il fuffit à
M. d'Ambrun de leur dire avec S. Auguftin : *Reddite verba mea, & eva-* S. *Aug. lib. 4.*
nefcet calumnia veftra. Rendez moy mes paroles, & l'on verra auffi- *cont. Iul. cap. 4.*
toft difparoiftre voftre vaine calomnie.

Mais il refte une autre difference digne de l'audace des Docteurs de
P. R. c'eft que non feulement ils accufent le Roy de furprife dans la
publication d'un Arreft qui eft plein de lumiere, de pieté, & de juftice ; mais leurs partifans ont ofé écrire, *que fans autre connoiffance de*
caufe M. l'Archevefque de Paris & le Pere Annat ont eu le pouvoir
de dreffer cét Arreft, & de le colerer des pretextes qu'ils ont voulu.
C'eft cette infolence particuliere que M. d'Ambrun avoit reprife dans
les Ecrivains Ianfeniftes ; & c'eftoit par la vigilance du Roy dans les
moindres affaires, qu'il avoit garenti S. M. d'une calomnie fi odieufe.
Toutefois les anteurs de la Requefte ne fe font point défendus de cét
attentat : mais le fuppofant veritable, ils n'ont pas craint d'établir cette maxime generale, qu'ils ont fauffement & frauduleufement impofée
à M. d'Ambrun, que les Roys ne fe trompent jamais. Cependant ils
laiffent pour indubitable, que le Roy, fon efprit, fon honneur, fon
Confeil, fes Arrefts, fa fignature, fon fceau, fon autorité dans la publication des Loix, tout eft efclave des paffions, & des impoftures,
que, fans confiderer les jugemens de Dieu, ils attribuent à M. de Paris & au P. Annat. Qu'apres cela ces M[rs] perfuadent à la France, qu'ils
ont l'eftime qu'ils doivent avoir pour la fageffe & pour la generofité du
Roy.

PAGE 5.

Il faut pour cela que l'herefie, le fchifme, & la revolte dont il nous aecufe,
fubfiftent ; il fait tout ce qu'il peut pour nous ofter mefme l'efperance d'eftre receus
à nous en juftifier devant V. M.

M. d'Ambrun prouve ce qu'il dit, & vous détournez fes paroles &
fon fens. Ce n'eft pas luy qui vous ofte l'efperance de vous juftifier devant le Roy : C'eft vous qui imitant les heretiques, fuiez de vous juftifier par l'cbeïffance à l'Eglife, qui a condamné voftre doctrine ; &
c'eft vous, cui ne fatisfaifant pas aux definitions que le Roy a deman-
dées au S. Siege, vous mettez en eftat de ne pouvoir eftre receus à vous
juftifier devant Sa Majefté.

PAGE 5.

C'eft-là le procedé d'un homme qui fuit la lumiere, & qui veut fe prevaloir du
foin que quelcues-uns ont pris de déguifer à V. M. le veritable eftat des conteftations prefentes.

On ne marche point dans les tenebres, quand on écouté l'Eglife ; c'eft
elle que le Roy a confultée d'abord, afin qu'on ne luy déguifaft pas l'eftat
des conteftations. Ceux qui accufent les Papes parlant au nom de I. C.

d'avoir déguisé la verité au Roy, ne meritent le pardon ni du Pape, ni de sa Majesté.

PAGE 5.

Au lieu que M. d'Ambrun a cru fort relever V. M. en la comparant à un Prince infidele, qui n'a esté le favori de Dieu qu'en figure, & à qui le S. Esprit reproche qu'il n'avoit point connu Dieu. Nous croyons rendre plus d'honneur à V. M. en luy proposant, comme un plus digne modele, celuy que Dieu mesme nous asseure avoir esté selon son cœur. Cependant, SIRE, ce grand Roy ne laissa pas de se laisser prevenir par la malice d'un serviteur artificieux qui luy avoit rendu suspecte la fidelité de son maistre.

M. d'Ambrun n'a pas comparé le Roy avec Cyrus, en ce qui regarde l'infidelité de ce Prince payen ; mais en ce qui regarde la protection que Dieu donna à ses armes, qui fut si grande, qu'à peine s'est-il trouvé aucun Roy, en qui Dieu ait fait paroistre davantage sa force, & sa puissance contre ses ennemis. Les Orateurs de P. R. eussent pû, avec l'Ecriture, le considerer comme une figure de J. C. *Assimilavi te*, dit Dieu par Isaïe : je vous ai rendu semblable, sçavoir à mon Fils. Ils eussent pû mesme avec les Peres, & avec les plus doctes Interpretes, le regarder comme une des plus illustres d'entre toutes les figures du Sauveur du monde, puisqu'il vainquit tous les ennemis du peuple de Dieu ; qu'il le tira de la servitude, & de la captivité ; qu'il le rétablit dans la Terre sainte ; qu'il rebastit le Temple ; qu'il luy rendit jusqu'au nombre de cinq mille quatre cens vases d'or & d'argent, que le Roy de Babylone en avoit enlevez. Ce n'est pas, comme disent Mrs de P. R. n'estre favori qu'en figure ; & ils restraignent trop l'Ecriture Sainte, de pretendre que le S. Esprit reproche à ce Prince qu'il n'avoit point connu Dieu, lors qu'elle dit : *Assimilavi te, accinxi te, & non cognovisti me* : Ie vous ai rendu la figure de mon Fils, je vous ai mis les armes en la main, & vous ne m'avez pas connu. Il n'est pas necessaire que ce soit un reproche ; ce peut estre seulement selon de bons Auteurs, une déclaration que Dieu fait à Cyrus, que lors qu'il predisoit ses victoires, il ne le connoissoit pas en ce temps-là, parce que selon Iosephe, Dieu predit le nom, & la gloire de ce Prince plus de 200. ans avant sa naissance. C'est pourquoy Vatable traduit : *Cognominavi te, cùm nondum haberes mei notitiam* : I'ai déclaré vostre nom, lors que vous ne me connoissiez pas encore ; & c'est aussi le sens que de Lira & Forerius donnent à ces paroles. Ou bien elles signifient selon d'autres : Vous ne m'avez pas connu jusqu'à ce que les Iuifs vous ayent fait lire les grandes choses que je leur avois predites de vous. Ou enfin, Vous n'avez pas connu que je vous rendois la figure de mon Fils. Car S. Ierôme & S. Cyrille ont remarqué que Cyrus écrivit à tous les peuples qu'il n'y avoit point d'autre Dieu que celuy d'Israël. Ce n'a donc pas esté une irreverence envers le Roy, que de le comparer à un Prince, à qui Dieu parle en cette sorte : *Voicy ce que dit le Seigneur à Cyrus mon Christ, que j'ai pris par la main pour luy assujettir les nations, & pour mettre les Roys en fuite devant luy. Ie luy ouvrirai les portes, &*

elles

elles ne luy feront point fermées. Ie marcherai devant luy pour humilier les superbes de la terre. Ie romprai les portes d'airain, & je briferai les barres de fer. Ie vous donnerai les trefors cachez, & je vous découvrirai les chofes les plus fecrettes, afin que vous fçachiez que je fuis le Seigneur, le Dieu d'Ifraël, qui vous appelle par voftre nom. Ie vous ai rendu l'image de mon Fils, fans que vous me connuffiez; moy qui fuis le feul Seigneur & le feul Dieu. Ie vous ai armé lors que vous ne fçaviez pas qui j'eftois.
Qu'y a-t'il d'indigne du Roy de le comparer avec ce Prince dans les victoires qu'il a remportées, & dans les avantages qu'il a receus du Ciel; puifque Dieu mefme n'a pas dédaigné de comparer fon Fils à luy, dans fes qualitez mefme toutes fingulieres de Redempteur de fon peuple, de Vainqueur du monde, & de Reftaurateur de fon Temple ? Que fi les Cenfeurs de P. R. prennent fi mal leurs mefures en rejettant une comparaifon fi noble & fi glorieufe au Roy, voyons fi celle qu'ils employent eft plus prudente & plus refpectueufe. Il n'eft pas befoin de marquer la différence qu'il y a entre les victoires & les conqueftes de David & celles de Cyrus. Plus David a receu d'avantages de la Grace pardeffus Cyrus, plus il y a fujet de s'étonner que les Ianfeniftes, apres avoir blâmé la comparaifon faite entre le Roy & Cyrus, en ce que ce Prince a eu de plus illuftre & de plus faint, en forte que le Prophete dit, *que Dieu eftoit caché en luy,* ils ne choififfent dans toute la vie de David que l'eftat le plus obfcur de fon Regne, pour en faire leur magnifique comparaifon avec S. M. Ils prennent le temps auquel Dieu couvre David d'infamie en punition de fon peché ; lors qu'il eft chaffé honteufement de fa ville Royale, & qu'un autre eft proclamé Roy en fa place ; lors qu'il reçoit publiquement, & aux yeux mefme du Soleil, le dernier deshonneur; lors qu'il monte avec peine & pieds nuds fur la montagne des Oliviers; & que luy & toute fa fuite fe couvre le vifage de honte. Où eft le bon fens de ces beaux efprits, de ne rien remarquer des profperitez, & des grandes actions de David, mais fon dernier opprobre feulement, pour pretendre relever le Roy par leur comparaifon qu'ils ofent preferer à celle que M. d'Ambrun en a faite avec le grand Cyrus victorieux, triomphant, affifté, conduit, animé & rempli de Dieu ? Mais que peut-on ajoûter à l'aveuglement où ils tombent, de ne pas feulement choifir cet eftat de David, mais de prendre precifement ce qu'il y a de plus honteux dans cet eftat, qui eft la creance que David y prefte legerement à un ferviteur artificieux, qui fans aucune preuve noircit de la derniere calomnie fon Maiftre abfent, petit fils de Roy, du fang de Ionathas, l'intime ami de David, & à qui il s'eftoit engagé par ferment de ne retirer jamais fa mifericorde de fa maifon ? Eft-ce honorer le Roy que de luy impofer qu'on le releve davantage en le comparant à David abandonné à cette precipitation, & à cette injuftice, qu'en l'égalant à Cyrus dans l'obeïffance qu'il a renduë à Dieu, & dans le foin qu'il a pris d'accomplir fes ordres ? C'eft neantmoins fur cette fauffe pretention de relever la

C

gloire du Roy par l'imitation de la foiblesse de David, qu'est fondée toute la magnifique Requeste des grands hommes de P. R. C'est sur cet obligeant principe, sçavoir que le Roy se laisse surprendre, & qu'il se rend credule à ce que les calomniateurs luy disent, qu'est établi cet admirable discours que l'on a affecté de loüer en tant d'endroits, & avec tant d'exaggeration. C'est par ce compliment que ces grands Orateurs tâchent de meriter l'attention & l'accueil favorable de S. M. pour luy persuader que les Papes ont perdu l'esprit, que les Evesques sont insensez, & que les Universitez sont ignorantes, lors qu'elles disent qu'il y a une heresie de Iansenistes.

Toutefois supposons qu'il n'y ait rien que de meurement consideré dans ce choix de l'imprudence, & de la legereté de David ; Que ce soit une sage conduite de déclarer brusquement au Roy qu'il est capable de commettre de semblables fautes : n'est-ce pas porter jusqu'au dernier excés l'injure que l'on fait à S. M. que de comparer ses Arrests sacrez, & ses plus solennels jugemens à une parole temeraire & precipitée de David ? C'est à conclure que le Roy peut imiter cette inconsideration, que se termine tout l'artifice de ces sages Rhetoriciens. C'est tout le but de leur grand raisonnement, & de leur eloquence pompeuse, de montrer que puisque David est tombé dans une si insigne imprudence, que de prononcer un Arrest injuste tout sur l'heure, dans le bruit du Camp, dans l'étonnement de sa fuite, dans l'embarras de mille difficultez, sans observer aucune forme de justice, en deferant à la seule deposition d'un particulier contre un grand Prince, & d'un serviteur contre son Maistre : il en sera de mesme des Arrests que le Roy prononce dans son Conseil d'Estat. C'est ce qu'aucun de tous les grands admirateurs de cette captieuse Requeste ne pourra approuver s'il y fait la moindre reflexion.

Si les Docteurs de P. R. trouvoient que David apres avoir pris l'avis de Banaias, de Chusai, d'Eliam, de Susa & autres grands hommes de son Conseil, eût esté trompé par l'artifice de ceux qui l'environnoient ; s'ils avoient découvert que ce Prince apres avoir interrogé la bouche du Seigneur, & apres avoir consulté les Prestres Sadoc ou Abimelech, & Gad son Prophete, eût esté engagé à combatre quelque verité de la Religion ; s'ils montroient que Saül mesme & les autres plus méchans Rois, jusqu'à Herode l'Ascalonite, eussent jamais esté mal informez, lors qu'ils ont recherché les sentimens des Princes, des Prestres, & des Scribes du Peuple, il y auroit quelque couleur dans leur comparaison. Mais de ne mettre point de difference entre l'erreur de David, jugeant sans Conseil, & par une promptitude indigne d'un grand Prince, & les meures deliberations du Roy, qui pendant plusieurs années a écouté pour l'interest de son Estat les avis de ceux que la Providence luy a donnez pour Conseillers, & pour l'interest de la Religion a consulté l'Oracle du Seigneur dans les Souverains Pontifes, & ne s'est conduit dans ses Arrests, que par les pensées & les resolutions des Evesques de France : c'est renon cer à toutes les regles du difcours, & à tout le refpect que l'on doit au Roy. Mais afin que tout le monde connoiffe combien le raifonnement de cette Requefte eft mal conceu, combien les fondemens en font mal affis ; combien la ftructure en eft mal liée ; combien peu l'on y obferve la proportion & la mefure : il faut faire quelque reflexion fur cette entrée de l'ouvrage. M. d'Ambrun avoit comparé en paffant les victoires du Roy quant á fa diligence, & à la protection que Dieu luy avoit donnée, à celles du grand Cyrus. Sur cela Mrs de P. R. voulant établir les princi-pes de leur harangue, non feulement ils reprennent mal à propos une fi jufte comparaifon, mais en la pretendant corriger, ils tombent en plu-fieurs dereglemens de difcours. Premierement ils propofent au Roy, difent-ils, un plus digne modele que Cyrus, en luy prefentant l'exem-ple de David. Mais cette preference de David eft introduite avec vio-lence, & hors du fujet, puis qu'il ne s'agit en aucune forte de fournir un modele au Roy; & que M. d'Ambrun ne luy avoit point propofé d'imi-ter Cyrus, n'en parlant qu'indirectement, pour expliquer par la vîteffe de fes armes, celle des conqueftes de S. M. Mrs de P. R. s'ingerent neantmoins fur cela de donner au Roy une regle de fes actions. Apres ce premier faux pas ils tombent dans un precipice : car fans rien marquer de noble & d'illuftre en David, qui foit digne de l'imitation du Roy, ils ne luy prefentent qu'une injuftice de ce Prince, une legereté, & une per-fidie, ne confiderant pas combien c'eft offenfer un grand Monarque, que de luy propofer un tel exemple. Ils ofent neantmoins fur ce fonde-ment élever l'edifice que nous avons vû, & de l'inconfiderati on de Da-vid conclure, que le Roy eft un Tyran, & un Prince mal avifé.

Voici la forme de leurs difcours. C'eft mal parler de dire que le Roy a efté fi diligent dans fes victoires, qu'il n'y a que Cyrus à qui on le puiffe comparer. Nous luy offrons un plus digne patron que cét admirable Con-querant, pour former fur luy fes actions : c'eft David dans fon infamie & dans fa lâcheté : Car le Roy dans fa plus religieufe & plus prudente con-duite eft tombé dans l'infidelité & dans la foibleffe de ce mal-heureux Prince. Que peut-on voir de plus mal ordonné dans le difcours, de plus offenfant contre le Roy, de plus mal rangé dans une harangue, & de plus capable de perfuader à toutes les perfonnes intelligentes, que l'on a re-noncé à la prudence & au jugement?

PAGE 6.

C'eft l'illufion, SIRE, dont M. d'Ambrun tâche d'appuyer une penfée fi dérai-fonnable. Il veut que parce que toute l'Europe admire la vigilance infatigable de V. M. qui entre dans le détail des moindres affaires, ce foit une infolence de penfer qu'il luy a pû arriver ce qui eft arrivé à un des Roys des plus éclairez par la nature & par la grace.

Cette reduction du difcours montre évidemment la tromperie que nous avons remarquée, & elle découvre l'irreverence extrême que l'on commet contre le Roy. Sous ce pretexte qu'un Roy, qui quelque-fois eft éclairé par la nature & par la grace, opprime l'innocence, lors que fans écouter

ni la nature ni la grace, il se conduit par sa passion, qui fait violence à la
nature & à la grace, s'ensuit-il pour cela, que le Roy, à qui Dieu donne
toûjours la force d'éviter en ses jugemens la precipitation de David, soit
tombé dans sa surprise, lors qu'il a usé de toute la prudence & de toute la
pieté qu'un Roy tres-Chrestien a pû apporter dans une affaire de la derniere importance? Ni la lumiere de la nature n'a jamais permis que le Roy
tres-Chrestien, & particulierement assisté de Dieu, ait manqué à sa parole, comme David manqua à celle qu'il avoit donnée à Ionathas & à Mi-
phiboseth; ni la lumiere de la grace, qui dans l'affaire des Iansenistes le
fait toûjours souvenir de la promesse qu'il a faite à l'Eglise de la défendre,
ne luy permet point d'estre surpris, en croyant ce que le Pape & les Evesques luy ont declaré, sçavoir, que la doctrine de Iansenius est heretique,
& qu'il doit obliger les Sectateurs de cét Evesque d'imiter la soûmission
qu'en mourant il a renduë au S. Siege Apostolique.

PAGE 6.

Plus les Princes regnent par eux-mesmes, plus il est difficile qu'ils ne soient quelquefois surpris.

Ces paroles ne sont pas fort prudentes. Elles seroient plûtost propres
à détourner le Roy de gouverner par luy-mesme son Royaume, qu'à l'y
exciter. Vn grand Prince n'entend de semblables discours qu'avec déplai-
sir; & il n'aime pas qu'on luy rende ainsi sa vigilance & son application
suspecte. Mais quoy qu'il en soit, les Iansenistes continuent ici la faute
dont les hommes sages les ont toûjours accusez; qui est de ne se tenir que
dans les propositions generales. Il s'agit du Iansenisme justement condamné, & non pas des surprises que l'on peut faire aux Rois, qui décident de
grandes affaires sans les avoir considerées. Il s'agit de la défense que le
Roy prend des jugemens solennels de l'Eglise, & non pas des injustices
que peuvent faire d'autres Princes qui se conduisent par des regles toutes
differentes de celles de S. M. Que l'on nous montre que les Rois sont
quelque-fois trompez, lors qu'ils consultent & qu'ils écoutent l'Eglise:
Et de plus, que l'on fasse voir que le Roy a esté trompé en cette rencontre,
& qu'on le fasse voir par cette miraculeuse lumiere, par laquelle on voit
évidemment le contraire de ce que les Papes, les Evesques, & les Facultez
de Theologie voyent indubitablement, & d'un œil fortifié par une protection particuliere du Ciel, qui ne manqua jamais à l'Eglise dans les jugemens qui regardent sa paix & son unité.

PAGE 7.

Les Rois sont particulierement exposez aux surprises dans les affaires qui sont
embarassées de questions de Theologie, comme est celle-ci; parce que ne pouvant
en estre pleinement instruits par eux-mesmes, ni s'en instruire par leurs Ministres,
les conseils & les resolutions qu'ils ont à prendre dans ces rencontres, dépendent de
la disposition des Prelats & des Theologiens qui sont ordinairement à la Cour, &
qui n'en sont pas pour cela ni plus capables de bien juger de ces matieres, ni plus
exempts d'interest & de passion.

Que Mrs de P. R. fassent convenir, s'ils veulent, tous les autres Rois
Catholiques

Catholiques, qu'ils ne peuvent s'inſtruire par eux-meſmes, ní par leurs
Miniſtres , de l'obligation qu'ils ſe ſont impoſée par leurs promeſſes , de
faire executer les jugemens de l'Egliſe ; Que les conſeils & les reſolutions
qu'ils prennent en ces rencontres dépendent de la diſpoſition de leurs
Courtiſans ; Que les Prelats & les Theologiens qu'ils ont auprés d'eux,
perdent à la Cour leur ſcience, & qu'ils ne conſervent que de l'intereſt &
de la paſſion. Le Roy a prevenu tous les reproches que Mʳˢ de P. R. font
en general à tous ces Princes aveugles & mal conſeillez. Car pour l'affaire de l'impoſſibilité des commandemens de Dieu aux juſtes qui les violent,
telle qu'elle ſe voit dans Ianſenius , il a eu aſſez de lumiere pour en eſtre
ſcandaliſé par luy-meſme. Il n'a point eu de Miniſtres qui n'en aient con-
çû de l'horreur. Les Eveſques aſſemblez & la Faculté de Theologie l'ont
fortifié dans ſon averſion contre cette impieté, & il s'en eſt repoſé ſur le
jugement du S. Siege receu par l'Egliſe. Qu'y a-t-il de commun entre cette
ſage conduite du Roy, & l'inconſideration dont Mʳˢ de P. R. convain-
cront, s'ils veulent, les autres Rois ? Que s'ils parlent du nouveau Teſtament de Mons, S. M. n'a rien fait qu'apres un jugement de M. l'Archeveſque de Paris ; & le jugement de ce Prelat s'eſt trouvé juſtifié par les de-
fauts de la permiſſion de M. de Cambray, & par un ſecond jugement qui
condamne le Livre comme plein de fautes. Mais ce qui doit confondre
Mʳˢ de P. R. qui accuſent le Roy de ſurpriſe , eſt que le Pape apres l'examen de pluſieurs Cardinaux, & de pluſieurs hommes doctes & de grande
pieté, a condamné le meſme ouvrage ſous peine d'excommunication *ipſo
facto*. Où eſt donc la ſurpriſe du Roy en ſon Arreſt ? Où eſt la preuve de
l'incapacité de ſes Miniſtres ? Où eſt la tromperie des Prelats & des
Theologiens que le Roy a conſultez ? Les Docteurs de Paris & autres ne
découvrent-ils pas tous les jours dans cette Traduction de toutes ſortes
d'infidelitez ?

PAGE 7.

Charles le Chauve dit dans ſes Capitulaires : S'il arrive qu'eſtant homme comme les autres on nous engage par ſurpriſe à quelque choſe d'injuſte, le zele & la
fidelité vous obligent de m'en avertir.

Cét Empereur tres-Chreſtien n'a jamais craint d'eſtre ſurpris lors qu'il
a ſuivi les ordres de l'Egliſe, & il ne parle dans cette Loy, comme il paroiſt par les deux ſuivantes, que des prieres qu'on luy faiſoit avec trop
d'importunité, & des artifices que l'on employoit pour l'éblouïr & pour
l'émouvoir : *Ne quis nobis immoderatiùs ſuggerat, vel poſtulationibus aut
quolibet modo illiciat.* C'eſtoient des acquieſcemens obtenus malgré luy,
& ſur des recits & des ſollicitations inſidieuſes : C'eſt pourquoy ſes Eſtats
luy diſoient qu'en ces rencontres la violence le pouſſoit où ſa volonté ne le
portoit pas : *magnificentiam veſtram illuc impellit neceſſitas , ubi non trahit
voluntas.* Mais ſuppoſons que Charles le Chauve ait eſté ſurpris à accor-
der des graces à quelques-uns au prejudice des autres ; eſtoit-ce cette tache
qu'il falloit choiſir en toute ſa vie, pour obſcurcir la gloire du Roy en m

D

ſujet où il a fait le plus éclater ſa ſageſſe, ſa prudence, & ſa juſtice? Fal-
loit-il comparer les Declarations & les Arreſts donnez par une ſinguliere
circonſpection, & une inſigne crainte de Dieu, avec des conceſſions du
bien d'autruy accordées par complaiſance & par foibleſſe? Que ſi l'on
vouloit faire quelque comparaiſon de Charles le Chauve avec le Roy, ce
devoit eſtre plûtoſt dans le zele que cét Empereur fit paroiſtre au Concile
de Pontigon pour l'execution des Bulles du S. Siege, & dans celuy qu'il
montra au Concile de Carſi, où entre quelques propoſitions qui regar-
doient la Foy, il fit reſoudre celle-ci par les Eveſques : *Dieu veut que tous*
les hommes generalement ſoient ſauvez, quoy que tous ne ſe ſauvent pas.

P A G E 9.

Dans la crainte d'eſtre importuns à V. M. nous n'avons pas crû devoir mêler en
cette Requeſte la Traduction du N. T. parce que ce ſont des matieres qui deman-
dent une plus ample diſcuſſion.

C'eſtoit pourtant le ſujet des libelles diffamatoires, que le parti de
P. R. avoit écrits, par quelque plume, & avec quelque ſtile que ce ſoit,
contre M. d'Ambrun ; & c'eſt proprement pour s'ouvrir un champ ſpa-
cieux, afin d'étaler des lieux communs, que l'on abandonne la matiere
propre & principale, qui avoit cauſé le different, & qui avoit fait naiſtre
l'Ordonnance du grand-Vicaire d'Ambrun, & la Requeſte de M. l'Archeveſque. Mais le change que l'on a pretendu donner par le point de fait,
a paru plus favorable au deſſein de ceux qui ſe cachent dans les tenebres ; &
qui ne s'exerçant que dans les propoſitions generales, ou dans les équivoques, ne défendent leur cauſe que par des maximes qui ſerviroient également à tous les Novateurs, & qui rendroient inutiles non ſeulement les
définitions du S. Siege les plus ſolennelles & les plus receuës, mais celles
de mille Conciles Oecumeniques.

P A G E 9.

On eſpere faire voir par des écrits à part, que M. d'Ambrun attribuë au Concile
de Trente une penſée inſoûtenable, que cette ſainte Aſſemblée n'a jamais euë, ſelon
le témoignage des plus ſçavans Theologiens de l'Egliſe, & de ceux meſme qui y
ont aſſiſté.

Ce que M. d'Ambrun a dit touchant l'autorité que le Concile de
Trente a donnée à la Verſion Vulgate, eſt qu'elle doit eſtre tenuë pour
authentique, en ſorte que perſonne n'oſe, ni ne preſume de la rejetter
pour quelque pretexte que ce ſoit. Que ceux qui la defendent, ſoûtien-
nent le ſentiment de l'Egliſe, & que ceux qui l'alterent ſont déja tombez dans l'hereſie. M. d'Ambrun entend une alteration en des choſes ſub-
ſtancielles à la doctrine Catholique, telle que l'on en a remarqué pluſieurs dans la Traduction de Mons, qui favoriſent les hereſies condamnées du livre de Ianſenius. Peut-on nier qu'une telle alteration ne ſoit
contraire au Concile de Trente, qui comme dit fort bien M. d'Ambrun,
défend que perſonne n'oſe ou ne preſume de rejetter la Vulgate ſous
quelque pretexte que ce ſoit, ſous celuy-meſme de corrections preten-

duës sur les Originaux Hebreux & Grecs, tels que nous les avons aujourd'huy ? Quel Theologien dira que c'est une pensée insoûtenable d'appeller heretiques ceux qui pretendroient qu'il leur seroit permis de leur propre autorité d'alterer en des choses importantes à la Foy, l'Ecriture que l'Eglise declare Authentique, & qu'elle défend de rejetter pour quelque cause que ce soit ? Lorsque Mrs de P. R. auront jetté tout leur feu sur cette matiere, on leur montrera que M. d'Ambrun ne manque pas de grands Theologiens qui soûtiennent son sentiment ; & qu'ainsi ils s'avancent trop de dire qu'il n'en sçauroit alleguer aucun qui soit entierement de son avis. Qu'ils lisent Suarez, & ils trouveront que le titre d'Authentique que le Concile attribuë à la Vulgate, a cette force, *ut habeat infaillibilem autoritatem, & sit certa regula fidei in omnibus quæ continet.* Si elle est la regle certaine de la Foy en tout ce qu'elle contient, n'est-ce pas pecher contre la Foy, selon cet auteur, que de faire des changemens considerables dans la Vulgate ? Et ne montre-t-il pas ce que dit M. l'Archevesque d'Ambrun, que ceux qui l'alterent en plusieurs endroits, pour favoriser & pour soûtenir la doctrine condamnée de Iansenius, sont déja tombez dans son heresie ? Qu'ils apprennent, s'ils ne le sçavent pas encore, ce que [a] Leon Allat dans ses Remarques sur les Antiquitez de Toscane avoit recueilli dans la bibliotheque du Cardinal Biscia d'un Manuscrit qui n'avoit pas esté encore imprimé, & qui contenoit un avis considerable de la Congregation generale des Cardinaux, establie pour répondre aux difficultez qui naissent touchant le Concile de Trente. Voici le sujet de la consultation. On est en doute dans une certaine Vniversité dont le soin a esté commis aux Peres Iesuites, comment il faut entendre ce decret du saint Concile de Trente : Si quelqu'un ne reçoit pas pour sacrez, & pour canoniques les livres mesmes entiers, avec toutes leurs parties, comme on a accoustumé de les lire dans l'Eglise, & comme ils se trouvent dans l'ancienne edition Vulgate, qu'il soit anatheme. Sçavoir si c'est en ce sens, que ceux-là soient censez errer dans la Foy qui soûtiennent quelque chose d'opposé mesme à la moindre periode, ou au moindre membre des livres qui ont esté nommez, lors mesme que l'on trouve dans le Grec ou dans l'Hebreu des paroles qui combattent ce sens ? Ou si ce sont seulement ceux qui rejettent quelqu'un de ces livres, soit entier, ou quelqu'une de ses parties, dont il y ait eu dispute autrefois, si c'estoit Ecriture canonique ; comme dans l'ancien Testament quelques-uns ont douté du Cantique des trois jeunes hommes, & de l'histoire de Susanne ; & dans le Nouveau du dernier chapitre de saint Marc, & du commencement du huitiéme de saint Iean. Le 17. jour de Ianvier 1576. la Congregation generale tenuë par S. L. A. S. Montalde, Six. Caraf. a jugé que l'on ne peut rien assurer qui repugne à l'edition Latine Vulgate, quand ce ne seroit qu'une seule periode, qu'une seule petite clause, ou un seul membre, ou une seule parole, ou une seule syllabe, ou un seul iota. Elle a aussi

[a] Quid de hoc sacra Congregatio generalis, cui non acquiescere nefas est, censuit, ex instructissima plurimis & gravissimis libris Eminentissimi Cardinalis Bisciæ, literatorum verè Mecœnatis desumptum, quia ineditum est, lectoribus proferam, ut discant imposterum cautiùs loqui. Dubitatur in quadam Vniversitate, quæ Societatis Iesu curæ commissa est, quo pacto intelligendum sit Decretum illud, quo sancta Tridentina Synodus enumeratis libris sacris, sic statuit: Si quis libros ipsos integros cum omnibus partibus suis, prout in Ecclesiâ Catholicâ legi consueverunt, & in veteri vulgatâ editione habentur, pro sacris & canonicis non susceperit, anathema sit. An scilicet eo pacto.

ut in fide errare censeantur, qui asseruerint aliquid repugnans vel minimæ periodo, aut membro enumeratorum librorum, etiam cùm in eâ re sint oppositæ lectiones Græci contextûs aut Hebraici; an potiùs ii tantùm qui integrum aliquem ex his libris, aut eorum partem aliquam rejecerint, de quâ aliquando fuit controversia, num canonica & sacra censenda esset. Quo pacto quidam in veteri Testamento dubitarunt de cantico trium puerorum, & de histor. Susannæ. In novo autem de ult. cap. Marci, & de initio octavi cap. Evang. Ioan. Die 17. Ian. 1576. Congregatio generalis per S. L. A. S. Montald. Sixt. Caraf. censuit nihil posse asseverari quod repugnet Vulgatæ lat. edit. etiam quòd esset sola periodus, sola clausula, vel membrum, sive vox, vel dictio sola, vel syllaba iotave unum: & acriter reprehendit Vegam quòd l. 15. de justific. c. 9. tam audacter locutus est. Quoad oppositionem textûs Græci & Hebraici cum Latinâ Vulgatâ lectione, remittit interrogantem ad tertiam regulam Indicis sub Pio IV. editam.

repris severement Vega, qui au livre 15. de la justif. chapitre 9. a parlé avec tant d'audace. Et pour le combat qui se trouve entre le texte Grec & Hebreu & la Vulgate, elle renvoie celuy qui consulte, á la troisiéme regle de l'Index publiée sous Pie IV. Que le lecteur juge par cette resolution ancienne, & renduë peu de temps apres le Concile, si Mrs de P. R. ont raison de nier que M. d'Ambrun ait aucun Docteur qui soit entierement de son avis, puisque tant de Cardinaux fortifiez par les Docteurs qui composent avec eux leur Congregation, disent d'une seule syllabe, & d'un seul iota ce que M. d'Ambrun n'a dit que de tous les changemens ensemble que Mrs de P. R. ont faits dans les paroles & dans le sens de la Vulgate.

PAGE 9.

Selon les faux principes de M. d'Ambrun il faut condamner d'heresie une infinité de personnes tres-catholiques, sans en excepter le Pere Amelote & ses Approbateurs.

Ce n'est pas estre fort constant en ce que l'on avance, de mettre ici le Pere Amelote entre les personnes tres-catholiques, apres avoir publié des libelles entiers pour prouver qu'il favorisoit l'heresie des Calvinistes. Si c'est pour reparer l'injure qu'on luy a faite, que l'on en parle maintenant en ces termes; que l'on s'en rapporte donc à ce qu'il a écrit de tout conforme aux sentimens de M. d'Ambrun, touchant l'autorité du Grec vulgaire & de la Vulgate. Les lecteurs pourront juger par cet exemple avec quelle fidelité Mrs de P. R. alleguent en leur faveur les Theologiens qui traittent de cette matiere. Voici ses paroles dans la Preface de ses Notes Latines sur saint Matthieu. *Non sum nescius Græco, vel potiùs ἑλληνιστικῷ idiomate consignatos ab Apostolis & Evangelistis canonicos Novi Testamenti libros, vel eorum tempore atque operâ fortasse aut curâ, certè calculo & approbatione in Græcum ex Hebræo, qui ex eo genere exorti sunt, fuisse translatos. Quæ igitur ex parente linguâ illâ propagatæ conversiones in Latinam, aut Syriacam, aut aliam quamcunque linguam transfusæ sunt, eas ego ad primam tanquam ad regulam non ambigo dirigi oportere. Verùm interest plurimùm ut casta atque intacta, neque ullâ notariorum temeritate violata vindicentur Græca exemplaria, quorum ad fidem contenditur exigendam esse metaphrasis Latinæ germanitatem. Si enim Latina soboles stirpis avitæ claritudinem puriùs referat, quàm Græca hæc ipsa, quæ siquidem mater dicitur, senio certè decolorata est: nunquid virginem illibatam, ac juvenili integritate florentem filiam parenti vetulæ, ac librariorum oscitantiâ aut temeritate maculis aspersæ præferendam existimabis? Atqui ego certissimis indiciis Latinæ scripturæ ingenuitatem, Græca autem obscuritatem ac deformitatem deprehendo.* Ie sçay que les Apostres & les Evangelistes ont écrit en Grec, ou plûtost en Ellinisse, les livres canoniques du Nouveau Testament, & que ç'a esté de leur temps, & peut-estre par leur soin, ou du moins sans doute par leur approbation, que ceux qui avoient esté composez

poſez en Hebreu, furent traduits en Grec. Ie ne doute donc point que
toutes les Traductions qui ont eſté faites de cette langue originale, en
Latin ou en Syriaque, ou en quelque autre langue que ce ſoit, ne doivent eſtre reduites à cette premiere comme à la regle de toutes. Mais il
importe extremement que les exemplaires Grecs, par leſquels on pre-
tend juger de la fidelité du Latin, ſoient corrects & exempts de toute licence des Ecrivains. Car ſi le Latin conſerve mieux l'ancienne pureté du
Grec, que le Grec meſme d'aujourd'huy, qui par la longueur du temps
a perdu ſa beauté naturelle, n'eſt-il pas juſte de preferer la virginité & la
fleur de l'âge de la fille à la vieilleſſe de la mere, qui a receu pluſieurs at-
teintes par la liberté des plumes qui l'ont copiée ? Or je découvre par des
marques tres-certaines cette corruption du Grec, & cette chaſteté du
Latin. D'où ce Pere infere peu aprés, qu'il eſt plus ſeur aujourd'huy de
rétablir ſur le Latin corrigé par l'ordre des Papes, le Grec qui s'en trouve different, que de corriger le Latin ſur ce Grec décheu de ſa premiere
perfection. C'eſt le ſentiment de Lindanus Eveſque de Ruremonde,
dont l'autorité doit eſtre preferée en cette matiere, à celle d'un grand
nombre de Scholaſtiques ; c'eſt celuy de Torrez, de Canus, de Titel-
man, de Leocaſtro, de Galarza, de Lorca, de Iean de ſaint Thomas, &
de beaucoup d'autres grands Theologiens. Bellarmin meſme dit : *De
qua re ita ſentiendum cenſeo, ut ſuprà de Hebraïcis diximus, videlicet
non eſſe Græcos codices corruptos generaliter, nec tamen fontes eſſe pu-
riſſimos, ut neceſſariò quidquid ab eis diſſentit, corrigendum ſit.*

P A G E 9.

Il établit des maximes inoüies qui vont à la ruine de la Religion, parce qu'en
les ſuivant il faudreit conclure que l'Egliſe pendant les cinq ou ſix cens premieres
années n'auroit point eu d'Ecriture Canonique ; que les Egliſes Catholiques d'O-
rient n'en auroient jamais eu, & n'en auroient point encore ; & que nous ne pour-
rions nous-meſmes juſtifier que nous en ayons, ſans nous jetter en des abſurditez
incroiables.

Tous ces diſcours montrent que leurs Auteurs ont peu de lumiere
dans l'Ecriture. Toute l'Egliſe Grecque & Latine a poſſedé pendant
ces ſix premiers ſiecles l'Hebreu de l'ancien Teſtament plus parfait
qu'aujourd'huy, & les hommes doctes s'en ſervoient ſelon la maniere
de lire du temps, qui n'avoit pas eſté encore determinée par la Mazore
gramaticale des Iuifs poſterieurs. Elle avoit auſſi le Grec des Septante
fort correct dans les anciens Manuſcrits, d'où Origene l'avoit copié
dans ſes tables, & d'où les ſçavantes Egliſes, & les hommes ſtudieux
pouvoient le tranſcrire, & ſur quoy ils pouvoient corriger leurs exemplaires. L'Occident a eu pendant ces meſmes ſiecles ſon ancienne Traduction Italique tirée de ce Grec; & quoy qu'elle ne fuſt pas ſi claire ni ſi
riche que celle de ſaint Ierôme, elle ſuffiſoit neantmoins aux ſaints Peres avec la tradition Apoſtolique, pour conſerver le dépoſt de la Foy, &
pour confondre toutes les hereſies. La meſme Egliſe avoit alors le Grec
du Nouveau Teſtament, qu'elle gardoit par la vigilance de ſes ſaints

E

Docteurs des corruptions des heretiques. Elle avoit la Traduction ancienne de ce Grec faite fur de tres-fideles originaux. La pureté s'en eftant alterée par la faute des Ecrivains, & par la rareté des bons exemplaires, principalement depuis la deftruction que Diocletien & Iulien l'Apoftat firent des livres facrez, faint Ierôme par l'ordre du Pape Damafe repara par fes excellens Manufcrits Grecs qui furent verifiez & approuvez par faint Auguftin les injures que l'ancienne Traduction Latine avoit fouffertes. Depuis, l'Eglife Romaine a confervé cette correction fur le Grec fidele, & par confequent par elle, le Grec mefme avec une finguliere diligence. Les Grecs au contraire, comme moins exacts, ont laiffé gliffer beaucoup de changemens dans leur texte, foit de l'Ancien, foit du Nouveau Teftament, que les faints Peres ont attribuez à l'impieté de divers heretiques. Ils en ont negligé d'autres, que l'ignorance & la temerité des Ecrivains avoit introduits : de forte que leur regle certaine refide avec plus d'affurance dans les foins & dans la lumiere du faint Siege, que dans leurs livres, & dans leurs chaires.

Cet éclairciffement ruïne toutes les pretentions du P. R. contre M. d'Ambrun, & il fait voir que jamais l'Eglife n'a manqué d'Ecriture Canonique en aucun fiecle, ni en aucun païs ; & que nous l'avons avec la certitude divine que nous peut donner le Concile general, qui nous garentit la Vulgate pour Authentique ; qu'elle ne pourroit avoir cette qualité, fi elle n'eftoit conforme à l'original Grec en toutes les chofes fubftancielles. Qu'enfin le Grec d'aujourd'huy s'éloignant de la Vulgate en un tres-grand nombre de lieux, il n'eft pas certain qu'on le doive plus confiderer en ces lieux-là que l'edition Latine ; & que par confequent les hommes doctes & Catholiques, & le faint Siege dans la condamnation du Nouveau Teftament de Mons, ont eu raifon de rejetter cette verfion comme ne s'accordant pas avec la Vulgate.

PAGE 10.

Voilà, SIRE, ce que nous avons à montrer contre M. d'Ambrun fur la Traduction du Nouveau Teftament, fans parler d'un grand nombre d'autres chofes tres-peu raifonnables, dont il a remply fa Requefte.

On verra fi en défendant contre les cenfures de voftre Archevefque, des autres grands Prelats, & du faint Siege voftre correction de la Vulgate, vous ferez autre chofe que rapporter l'opinion de quelques Theologiens, qui font déja repris en la perfonne de Vega par les Cardinaux & par les Docteurs de leur Congregation, & qui font refutez par d'autres plus habiles en ces matieres, & plus approuvez par le faint Siege. Mais quels qu'ils foient, aucun d'eux ne foûtiendra qu'il vous ait efté permis de rejetter contre le decret du Concile general, le texte de la Vulgate pour en fubftituer un autre qui ne luy eft pas conforme. Aucun d'eux ne s'oppofera, comme vous faites, à ce judicieux & docte fentiment des grands hommes que le faint Siege employa pour rétablir la Vulgate dans fa premiere pureté. *Difficile non eft illorum omnium dam-*

nare judicium, qui vel tam eximij Doctoris, S. Hieronymi lucubra-
tionibus non acquiescunt ; vel etiam meliora, aut certè paria præstare
se posse confidunt. Vous perdrez le temps, & vous abandonnerez la que-
stion que vous devez traiter, si vous ne prouvez que vous avez dû preferer vos lumieres à celles de ce modele des Traducteurs de l'Ecriture
sainte, comme vous le nommez vous-mesme, & que ç'a esté l'esprit de
sagesse qui vcus a fait reformer de vostre autorité particuliere le texte de
l'Ecriture, qui a esté proposé par un Concile general, & qui est receu
publiquement dans l'Eglise. Vous devez mesme faire voir que, lorsque
vous entreprenez cette reformation, ce que vous supposez est veritable,
qu'alors tous les habiles gens avoüent que le Grec est preferable au Latin. Car on vous peut faire voir au contraire que vous avez souvent pre-
feré le Grec vulgaire au Latin contre le sentiment des saints Peres, &
des plus habiles Theologiens. Enfin vous devez montrer que ç'a esté par
prudence & par soûmission à l'Eglise, que vous avez tant de fois alteré
la Vulgate par des paroles qui favorisent les erreurs condamnées dans
l'Augustin de Iansenius, & dans les livres des Calvinistes. Les hommes
doctes & Catholiques desirent fort de voir cet ouvrage que vous avez
tant de fois promis ; mais ils souhaitent que sans vous étendre sur le general, vous vous renfermiez dans les choses particulieres. Pour ce grand
nombre d'autres choses tres-peu raisonnables dont vous dites que M.
d'Ambrun a remply sa Requeste, & dont neantmoins vous jugez qu'il
est de vostre prudence de ne point parler, il n'est pas mauvais de faire
considerer au Lecteur de quelle nature sont ces choses. *Ea quæ prætermit-*
titis colligentur à nobis, ut appareat cur prætermiseritis. C'est premierement le mépris que vous faites du Concile de Sens tenu par le Cardinal
du Prat, quoy que l'élite des Docteurs de Paris en fussent les Consul-
tans, & que ce Concile comprenne les propres sentimens de cette illu-
stre Faculté touchant les dernieres heresies : mais cela ne vous semble
pas meriter que vous preniez la peine d'en parler. C'est en second lieu le
tribunal que vous vous erigez au dessus de celuy de vostre Archevesque,
& en mesme temps au dessus de celuy du Roy, qui l'a soûtenu par son
Arrest, en vous rendant les Iuges de leurs jugemens. C'est la semence
de rebellion contre toutes les Puissances spirituelles, & temporelles, que
vous avez répanduë par vos Nullitez, sur lesquelles vous vous estes bien
gardez de faire compliment à M. de Paris, comme vous l'avez fait ridi-
culement à M. d'Ambrun sur les Dialogues sans les condamner : mais
vous n'estes point disposez à changer de si saintes maximes ; il les faut
dissimuler par le silence. C'est troisiémement le defaut de legitime per-
mission de vostre Nouveau Testament, sur quoy le P. Annat a découvert
au public vos fraudes & vos impostures. Mais ce n'est pas la peine de dire
icy un mot d'une si étrange tromperie. On a vû à la verité un écrit fait
pour éluder un procedé si honteux : mais au lieu de vous oser inscrire en
faux contre l'acte des Vicaires generaux de Cambray, qui attestent que la

Aug. l. 1. oper.
perf. cont. Iul.
num. 10.

Permiſſion de feu leur Archevefque fut obtenuë par ſurpriſe; Qu'un Abbé du païs impoſa à ce Prelat que voſtre verſion eſtoit fidele, & eſtoit approuvée par un Cenſeur, ce qui eſtoit faux; Et que M. Polman Theologal du lieu, & approbateur Archiepiſcopal avoit refuſé pluſieurs fois de l'approuver. Au lieu de montrer clairement qu'il eſtoit vray que M. de Cambray euſt vû une legitime approbation, vous tâchez de divertir le Lecteur par des railleries, par des médiſances, par des fauſſetez, & par des mépris ſcandaleux du S. Siege. C'eſt en quatriéme lieu l'irreligion odieuſe que vous avez commiſe contre le dernier Concile Oecumenique, en diſant pour en diminuer l'autorité, qu'il a eſté principalement de l'Egliſe Latine, & aſſemblé pour les differens nez dans l'Egliſe Latine, dans leſquels l'Egliſe Grecque n'avoit alors aucune part: ce que M. d'Ambrun a dit eſtre plein d'hereſie, de ſchiſme, & de fauſſeté. Car qui ne ſçait que la meſme choſe ſe peut dire de la pluſpart des autres Conciles generaux à l'égard de l'Egliſe Grecque? Et ceux qui pour cette raiſon nieroient la generalité des uns & des autres, tomberoient dans le ſchiſme & dans l'hereſie: mais ce reproche ne merite pas qu'on s'en lave. C'eſt en cinquiéme lieu l'injure que l'on fait à l'Egliſe, de l'accuſer qu'en conſervant la pureté de la Vulgate, elle ne veut pas qu'on liſe la parole de Dieu dans la langue Grecque ou Hebraïque: cette calomnie eſt trop legere pour occuper voſtre plume. Enfin, c'eſt la liberté que l'on donne aux plus ſimples, contre l'ordre des Conciles, de lire l'Ecriture en langue vulgaire, ſans aucune dépendance des Eveſques. Tout cela ne merite pas que Mrs de P. R. en parlent: mais il merite que l'on ſe ſouvienne que M. d'Ambrun l'avoit repreſenté au Roy, & qu'il avoit en cela fait l'office d'un Archevefque zelé pour tous les intereſts de l'Egliſe. C'eſt ce qui montre combien peu vous agiſſez par un eſprit Eccleſiaſtique, lors que dans la Preface de vos Remarques tres-injurieuſes & tres-inſolentes ſur la Requeſte de M. d'Ambrun, vous pretendez qu'il ne ſe devoit point oppoſer à vos entrepriſes contre la foy & contre la diſcipline de l'Egliſe, *parce que vous ne l'aviez point offenſé, & que vous ne nuiſiez point à ſa fortune.* Sont-ce là des diſcours dignes des grands reformateurs de la Morale? Tous les Eveſques ne doivent-ils pas s'élever contre les loups raviſſans de quelque habit de brebis qu'ils ſe reveſtent? C'eſt donc voſtre maxime de croire impoſer ſilence aux Prelats en nuiſant à ce que vous appellez leur fortune. Eſtes-vous diſciples de S. Auguſtin, lors que vous vous ſervez de ce terme profane? Liſez bien ſes écrits; & vous trouverez que cette expreſſion ne luy plaiſoit pas.

P A G E 10.

Mais n'oſant pas imiter M. d'Ambrun dans la liberté qu'il a priſe de détourner V. M. de ſes grandes occupations pour l'appliquer à des diſcours de Theologie & de critique ſur l'autorité des Originaux & des verſions de la parole de Dieu, nous ſommes contraints de nous renfermer dans la refutation de ſes accuſations generales contre les perſonnes.

Vous blâmez en M. d'Ambrun une liberté, que par vos libelles vous l'avez

l'avez obligé de prendre ; & vous ne pouvez par vos artifices la rendre
odieuse au Rey, qui l'a receuë tres-agreablement, parce qu'elle entroit
dans son esprit en défendant ses Arrests, & le zele que S. M. a toûjours
fait paroistre pour la protection de l'Eglise. Vous sortez cependant de
vostre propre sujet, pour en prendre un autre que vous affectez, &
dans lequel vous continuez de couvrir par vos prestiges & par vos illu-
sions les crimes dont S. M. & le S. Siege vous tiennent veritablement
coupables.

PAGE 11.

Vne preuve du peu de sincerité de celuy qui nous accuse, est que le fondement
qu'il a pris pour nous traiter avec tant d'outrage, est une pure supposition. Car
il n'a point eu de sujet de presenter une Requeste publique contre les Ecclesiastiques de P. R. que parce qu'il luy a plu de feindre qu'ils estoient auteurs de
quelques écrits qui ont esté faits contre son Ordonnance touchant le Nouveau
Testament. Or il sçait bien que cela n'est pas, des personnes dignes de foy l'en
ayant assuré de nostre part.

Il faudroit que des Ecclesiastiques fussent manifestement innocens
pour avoir quelque raison d'appeller un Archevesque homme sans
sincerité, faux accusateur, outrageux, menteur, & qui se plaist de feindre ce qu'il sçait n'estre pas. Mais pendant qu'ils sont notoirement
rebelles aux ordres de l'Eglise & du Roy, ils sont notez d'infamie, selon les Canons, & sujets à toutes sortes de peines, lors qu'ils deshonorent une personne sacrée. Si David, dit S. Gregoire, ne presuma point
de mettre la main sur Saül, quoy qu'il fust certain qu'il estoit rejetté
de Dieu : combien plus se doit-on garder de toucher un des oincts du
Seigneur, & de le blesser en médisant de luy, en le blasmant, en le trai-
tant sans discretion & avec deshonneur ? Les injures & les médisances
dont on le noircit tombent sur le Sauveur de qui il tient la place en
l'Eglise. Vous ne médirez point des Dieux, dit la Loy, & vous ne mau-
direz point un Prince de vostre peuple. Quand Mrs de P. R. ne seroient coupables que de ces sortes d'injures, qu'ils ont répanduës dans
leur Requeste, ce seroit assez pour s'attirer la colere de Dieu ; & ils se
rendroient par là assez suspects d'avoir approuvé les Dialogues, qui
ont esté faits en leur faveur. Le public n'a point crû que ceux qui ont
conspiré à fortifier leurs impies Nullitez, ne leur ayent point découvert leur zele, & que des membres si unis à leurs chefs, ne se soient
point fait connoistre à eux. C'a esté consentir à la licence des auteurs
des libelles, que de ne la point condamner par une lettre publique ; &
quoy que l'on dise encore pour justifier sa main de l'attentat de ces
écrits, on n'en purge point clairement son cœur. On seroit bien fâché
de desavoüer de tels amis, & n'estant point contre eux, on montre que
l'on est pour eux. Ce ne sont pas seulement, dit S. Paul, ceux qui com-
mettent ces fautes, qui sont criminels, mais ceux aussi qui y consentent.

Si David Regum
justissimus in Saül,
quem constabat
jam à Deo repro-
batum & abjectum
esse, manum mit-
tere non præsum-
psit, quanto magis
cavendum est ne
manum detractio-
nis, aut vitupera-
tionis, sive indis-
cretionis, aut de-
honorationis qui-
dam mittant in
unctos Domini :
quia eorum vexatio
sive detractio, ad
Christum pertinet,
cujus vice in Eccle-
sia legatione fun-
guntur. In lege di-
vina legitur : Diis
non detrahes, &
Principi populi tui
non maledices. l.
12. epist. 31. vel
37.

PAGE 11.

Dés l'entrée de sa Requeste il nous accuse de former une cabale d'invisibles, qui fe font feparez de l'Eglife par leur rebellion ; d'introduire une nouvelle herefie beaucoup plus dangereufe pour l'Eglife & l'Eftat, que celles des fiecles paffez.

Ce ne font pas vos paroles étudiées, ny les tours artificieux que la rebellion vous infpire de donner à tout ce que vous propofez, qui vous juftifieront devant Dieu & devant fon Eglife. La feule foûmiffion au Pape & au Roy vous purgera des juftes accufations dont M. d'Ambrun vous charge, par le fentiment du S. Siege, & de tous les Evefques qui luy font unis ; & par la notorieté publique, comme l'Arreft du Roy le déclare. Perfonne n'ignore voftre capable d'invifibles qui fe gliffe par tout, & qui ne fe découvre en aucun lieu ; dont les funeftes effets croiffent tous les jours, fans que les caufes en paroiffent ; qui n'eft unie en elle-mefme que pour divifer l'Eglife, les Evefques, les Facultez, les Familles & tout l'Eftat ; qui attaque l'honneur des perfonnes les plus illuftres, fans craindre les loix & la juftice ; qui par fon audace & fon impunité intimide les plus puiffans ; qui cache les mains avec lefquelles elle répand l'opprobre & la honte fur qui il luy plaift, & qui contre toutes les loix de Dieu & des hommes ne laiffe en repos & en feureté que fes partifans & fes complices. Qui peut douter qu'une herefie fi redoutable & fi étenduë dés fa naiffance, ne devienne tres-puiffante dans fon progrés, & que retenant d'abord par la crainte les gardes d'Ifraël, elle ne fe faififfe des portes, & ne renverfe tout par fes maximes touchant la police & la difcipline?

P A G E. 11.

Toutes les Loix, SIRE, divines & humaines, Ecclefiaftiques & civiles obligent les accufateurs de prouver ce qu'ils avancent, à peine de paffer pour convaincus d'impofture & de calomnie. M. d'Ambrun ofe accufer devant le plus grand Roy de la terre, des Preftres, dont graces à Dieu la vie eft irreprochable, de crimes auffi enormes que font l'herefie, le fchifme & la rebellion, fans avoir confideré qu'il n'y avoit qu'à les nier, & à le preffer d'en apporter des preuves, pour le reduire à un filence forcé, qui feroit la conviction manifefte de la fauffeté de fes accufations

Ce n'eft pas une impofture & une calomnie d'accufer d'herefie, de fchifme & de rebellion devant le Roy les Traducteurs de Mons : mais c'eft à eux une audace infupportable de refuter fi infolemment devant S. M. ce que par l'Arreft de fon Confeil elle a declaré eftre connu de tous, difant que les perfonnes qui font cenfez avoir compofé cette Traduction, font notoirement rebelles à l'Eglife. Or il n'eft pas moins évident à tous les efprits éclairez, que leur rebellion confifte à défendre la doctrine de Ianfenius condamnée d'herefie par le S. Siege, & qu'ils font par confequent non feulement rebelles, mais fchifmatiques & heretiques.

P A G E 12.

Mais, SIRE, ce qui eft bien plus furprenant, eft qu'il ait pû s'imaginer que la fuppofition d'un fait entierement faux luy tiendroit lieu de preuve, & qu'il n'auroit qu'à dire d'un ton ferme & affuré, qu'il n'avançoit rien dont les Ecrivains de P. R. ne demeuraffent d'accord, & dont ils ne fe vantaffent dans leurs écrits. Il n'y a rien de fi étrange qu'on ne puiffe faire croire pour un temps quand on parle en cette maniere : Mais il faut auffi que M. d'Ambrun renonce pour jamais à eftre

crû , lorfque l'impuiffance où nous fommes affurez qu'il fe trouvera de produire
ces écrits, où il dit que nous avoüons toutes les chofes dont il nous accufe , aura
fait voir à tout le monde que ce qu'il affure avec plus de confiance , eft entierement
contraire à la verité.

Ce n'eft pas la marque des bons efprits , ni des grands courages , de
dreffer des embufches aux paroles de leur adverfaire. M. d'Ambrun n'a
parlé que de l'audace & de la fureur de voftre vengeance , lors qu'il a dit
qu'il n'avançoit rien que vous n'avoüaffiez vous-mefmes. Il ne pouvoit
mieux prouver voftre aveu , qu'en difant que vous vous en vantiez dans
vos libelles ; & la prudence vous devoit empefcher de le nier au Roy,
puis qu'on rapportera tout à l'heure en quelles paroles vous l'avez exprimé dans vos écrits. Mais il ne pouvoit auffi mieux témoigner à quoy il limitoit voftre aveu , qu'en déterminant fa preuve & fes reproches à la
vanité que vous vous donnez dans vos ouvrages , où , dit-il , vous avez
eu l'audace de menacer de vos traits envenimez tous les autres Evefques
qui oferoient condamner voftre traduction. C'eft ce qu'il dit que vous
avoüez , & il eft évident par tout fon difcours qu'il n'emploie voftre aveu
que pour cet efprit de calomnie & de vengeance. C'eft ainfi que S. Paul
défendant fa caufe devant le Roy Agrippa contre les accufations des
Iuifs , comme M. d'Ambrun a défendu la fienne devant le Roy contre
vos médifances , dit : *Le Roy eft bien informé de toutes ces chofes , &*
je parle devant luy avec d'autant plus de liberté , qu'il n'ignore rien de
ce que je dis. Ces paroles , *il eft informé de toutes ces chofes , & , il n'ig-*
nore rien de ce que je dis , ne fe peuvent entendre des premieres chofes
que S. Paul avoit rapportées , fçavoir que I. C. luy eftoit apparu fur le
chemin de Damas , qu'il l'avoit envoié vers les Gentils , & qu'il le déli-
vreroit de leurs mains , & de celles des Iuifs : mais de ces dernieres feulement , que I. C. avoit fouffert la mort , & qu'il eftoit reffufcité. Ce qui
confirme que l'Apoftre n'a voulu parler que de ces dernieres , c'eft ce qu'il
ajoûte auffi-toft ; *parce que ce ne font pas des chofes qui fe foient paffées en*
fecret ; comme M. d'Ambrun avoit montré qu'il limitoit les fiennes aux
menaces que vous aviez faites aux Evefques qui condamneroient voftre
verfion.

Auffi n'eftoit-il pas befoin qu'il vous attribuaft l'aveu de voftre fepara-
tion interieure de l'Eglife , & de la grandeur du peril de l'herefie que vous
fomentez , puis que ces crimes font de notorieté publique , & que vous
ne vous cachez fous le nuage de la diftinction du fait , que pour joüir de
l'impieté du fens de Ianfenius , que le S. Siege , les Evefques & le Roy
anathematifent. Mais il eftoit important à l'Eglife , dont M. d'Ambrun
défendoit la caufe contre vous , de marquer l'amertume de voftre zele,
& de faire connoiftre au Roy par la licence que vous preniez déja de
calomnier par des libelles feditieux voftre Archevefque , & tous les Prelats vigilans & courageux , à quoy vous porteroit cette fierté & cette audace , fi elle fe fentoit un jour foûtenuë. Il devoit montrer par vos écrits

que vous ne confideriez les Puiffances chreftiennes , lors qu'elles vous obligeoient à abjurer vos erreurs , que comme des tyrans & des perfecu-teurs ; que l'on devoit juger de l'ardeur de voftre fiel , & de vos maximes cruelles & ennemies du Chriftianifme par les livres outrageux que vous debitiez tous les jours contre des perfonnes éminentes en doctrine & en pieté ; & qu'apparemment vous vouliez par là intimider les Magiftrats s'ils entreprenoient de refifter à vos progrez.

M. d'Ambrun n'a-t'il pas eu raifon d'affurer que non feulement vous confeffiez ces chofes , mais qu'auffi vous vous en vantiez dans vos libel-les ? puis que vous avez dit dans voftre fecond Dialogue : *Mettez feule-ment nos entretiens par écrit* , (c'eft à dire , tout ce que la médifance peut fuggerer à des efprits cachez , & qui fe dérobent aux loix & à la juftice) *& apres cela , laiffez-moy faire , je trouveray bien moyen de les donner au public.* On voit par là qu'il n'y a point de police que vous ne violiez, ni de licence que vous ne vous donniez contre l'autorité du Roy & des Arrefts. Vous ajoûtez en appellant injuftice tout ce que les Evefques font contre vous : *Ie ne puis fouffrir que des gens que leurs excez publics devroient rendre plus retenus , abufent avec tant de hardieffe de la patien-ce des peuples contre la verité de Dieu. C'eft pourquoy comme on dit que M. de Paris & M. d'Ambrun folicitent des Mandemens par toute la France ; je fuis d'avis que fi toft qu'il en paroiftra quelqu'un , nous nous af-femblions icy pour nous en entretenir.* (C'eft à dire , pour faire contre ces Evefques des Dialogues femblables à ceux que nous avons faits contre M. de Paris , & contre M. d'Ambrun) *S'il eftoit permis de fouhaiter le mal, il y en a quelques-uns dont je defirerois voir déja les Mandemens , tant il y a de bonnes chofes à dire fur leur fujet.*

Voilà dequoy vous euffiez pû vous épargner la confufion ; & vous ne deviez pas défier M. d'Ambrun de vous en convaincre Si vous dites que ces menaces ne font pas parties de la plume de vos chefs, on ne doute point pour cela que voftre efprit ne les ait infpirées à vos fectateurs. C'eft ce qui rend voftre cœur criminel , lors que , fi vous dites vrai, voftre main eft innocente ; & ce qui fait que le venin de voftre fecte , quoy que répan-du loin de vous , rejette la haine de fon infection fur les fources qui l'ont produit. C'eft ainfi que l'orgueil de vos difciples crie vengeance contre vous , lors que peut-eftre l'étonnement de voir les flâmes que vous avez allumées , vous preffe de vous en repentir ; & que pechant où vous n'eftes pas , vous ne pouvez vous laver où vous eftes. Le Roy donc a eu jufte fujet, non feulement de fe laiffer aller , mais de fe porter facilement à croire que voftre fecte eft dangereufe pour l'Eglife & pour l'Eftat. Vous avez donc fortifié la creance de M. d'Ambrun par la calomnie que vous aviez employée pour la luy ravir ; & vous demeurez non feulement con-fus d'avoir nié la verité, mais d'avoir ofé dire qu'un grand Prelat qui la defendoit , eftoit , comme vous , autheur de la fauffeté & de l'im-pofture.

PAGE

PAGE 13.

Il semble, SIRE, qu'on ne pouvoit guere paſſer plus avant en ce genre de hardieſſe : & neanmoins il a voulu ajoûter à cette ſuppoſition generale une nouvelle confirmation, qui eſt encore plus étonnante. Car pour marquer en particulier quelques-uns de ces écrits, où il dit que nous nous vantons des crimes qu'on nous impute, il aſſure V. M. que nous avons fait depuis long-temps un traité exprés, où nous tâchons de prouver par des exemples de l'antiquité fauſſement alleguez, qu'il eſt permis pour les intereſts de noſtre mauvaiſe doctrine, de nous élever contre les Puiſſances : ce qu'il appelle avec raiſon une maxime cruelle & ennemie du Chriſtianiſme.

Vous changez le ſens & l'ordre des paroles de M. d'Ambrun. Ce n'eſt point pour montrer que vous vous vantez des crimes que l'on vous impute, qu'il a fait mention de ce traité compoſè depuis long-temps ; il n'a prouvé cette vanité que par les menaces dont vous avez voulu intimider les Eveſques dans vos Nullitez & dans vos Dialogues. C'a eſté enſuite pour faire voir que vous eſtes preſts de vous oppoſer à vos Superieurs, d'en inſpirer le mépris au peuple, de les décrier par des libelles, & de leur reſiſter par une deſobeiſſance obſtinée, qu'il a cité vos anciens écrits. C'eſt cét eſprit de calomnie contre les Paſteurs & les Iuges de l'Egliſe, qu'il a appellé cruel & ennemi du Chriſtianiſme, & vous donnez à ſes diſcours une liaiſon & une face toute differente de la verité. Mais venons à ce qui vous doit couvrir mille fois plus de confuſion que vous n'en avez voulu rejetter ſur M. d'Ambrun.

PAGE 14.

Qui ne croiroit, SIRE, qu'un Archeveſque parlant de la ſorte, avoit entre les mains ce méchant livre ; & qu'il n'a pas manqué de le faire voir à V. M. en luy preſentant ſa Requeſte ; une accuſation ſi capitale rendant criminel celuy qui l'avance, ſi elle n'eſt accompagnée des pièces qui la juſtifient. Cependant, SIRE, nous oſons dire ſans crainte qu'il ne l'a point fait ; parce que nous ſommes bien aſſurez que ce pretendu traité ne ſubſiſte que dans l'imagination de M. d'Ambrun, & que nous n'avons jamais rien écrit qui puiſſe donner lieu à une ſi horrible médiſance.

La prudence demandoit de Mrs de P. R. qu'ils paſſaſſent cette affaire ſous ſilence ; la pudeur & la modeſtie les obligeoit de la traiter avec plus de retenuë ; & leur conſcience qui n'a pas manqué de les avertir quel eſtoit ce livre, les euſt portez à s'en humilier, à en faire de grandes excuſes au Roy, & à reparer leurs fautes par des retractations ſages & reſpectueuſes, s'ils n'eſtoient enyvrez d'eſtime de tous leurs ouvrages, & ſi l'idolâtrie qu'ils rendent à leurs propres crimes, ne leur avoit aveuglé l'eſprit.

Ils compoſerent le livre dont parle M. d'Ambrun l'an 1661. ils n'en ont fait aucun autre avec tant d'étude & tant de politeſſe ; toutes les adreſſes de l'art y ſont employées ; le titre, qui eſt, *de la Conſtance pour la verité*, & les diſcours des Peres qui y ſont rapportez au long, paroiſſent ſi plauſibles, & les ſentimens qu'il inſpire, ſemblent d'abord ſi ſaints, que rien n'eſt plus capable de ſurprendre les eſprits ſimples & legers dans la foy. Mais au reſte, il ne ſe peut rien voir de plus impie contre l'Egliſe, de plus dangereux contre l'Eſtat, de plus injurieux aux ſaints Peres, de plus audacieux contre les Papes, de plus rebelle à la puiſſance de I. C. qu'il a miſe en eux, & de plus étudié pour animer les eſprits à la revolte contre toutes les Puiſſances. l'ay regret de renouveller aujourd'huy une playe qui bleſſa le cœur de toutes les perſonnes ſages, & leur fit penſer que puiſque les jugemens ſecrets de Dieu ne permettoient pas qu'un attentat ſi fier & ſi public fuſt châtié ſelon ſon merite, il nous vouloit punir du fleau redoutable d'une nouvelle & ardente hereſie. l'avois crû d'abord que ces M s eſſayeroient de ſe prevaloir de la ſuppreſſion de leur nom, & de celuy de l'Imprimeur, pour nier que ce fuſt un de leurs ouvrages. Mais dans le ſilence de tout ce qui devroit eſtre exprimé ſelon les loix, le ſtile ſi ſouvent employé contre les loix, crie ſi hautement, qu'il convainc de cette entrepriſe ſes veritables auteurs. Nul autre en ce temps-là n'a eu ſujet de faire un ſemblable diſcours; nul autre n'a uſé de la meſme forme d'impreſſion; nul autre n'a pû faire paroiſtre l'impatience & la douleur de ſon eſprit ulceré contre l'Egliſe, que les Chefs de cette revolte. De ſorte que c'eſt un foible remede que de démentir la fermeté & la conſtance que l'on y a ſi puiſſamment exigée de tous les amis de la Secte; & il euſt eſté plus ſéant de ſe défendre par la galanterie, & par les railleries ordinaires, que de donner aux confederez en une ſi importante conjoncture des exemples de timidité & de foibleſſe.

Ie viens neanmoins d'apprendre, lors que cette page eſt ſous la preſſe, qu'il court un écrit d'un ſtile particulier, pour excuſer l'audace de *cette Conſtance*. Mais il n'eſt pas beſoin de rien changer en celuy-cy, pour refuter cette temeraire défenſe, pour en découvrir la mauvaiſe foy, & pour montrer par ce meſme diſcours, quel qu'il ſoit, combien l'on perſiſte dans la revolte contre les Puiſſances. Il eſtoit queſtion de ſe ſoûmettre à un jugement ſolennel que le Roy avoit deſiré du S. Siege, & que la France a receu, contre la doctrine ſcandaleuſe d'un livre. Le Roy commandoit que l'on obeïſt à cette definition de l'Egliſe. Mrs de P. R. non ſeulement y reſiſterent, mais lors que tous les autres Eccleſiaſtiques eſtoient diſpoſez à s'y ſoûmettre, ils publierent ce traité *de la conſtance*, qu'ils compoſerent avec le dernier ſoin, pour combattre cette obeïſſance comme une idolâtrie, & comme une lâcheté de faux Chreſtiens, qui cedant au Roy, fléchiſſoient ſous une puiſſance tyrannique. Nul eſprit ſage ne ſe le pourroit perſuader, ſi nous n'en rapportions icy les propres paroles, qui ſans doute ſeront ſupprimées, comme tout l'eſprit du livre ſera deguiſé dans cette nouvelle Apologie, dont nous ne manquerons pas de faire voir par un écrit exprés les fraudes & les impoſtures. Mais chacun doit recourir à la piece entiere, qui eſt plus digne qu'aucune autre de la curioſité de ceux qui deſirent connoiſtre juſqu'à quelle extremité l'eſprit de rebellion porte ces nouveaux reformateurs de l'Egliſe. D'abord ils donnent à leur doctrine condamnée le nom *de la verité meſme*; ils appellent la diſpoſition où eſtoient tous les Eccleſiaſtiques de ſigner le Formulaire, *une tentation ſi* étrange & ſi incroiable, qu'elle s'eſt débordée comme un torrent, qui inonde quaſi toute la face de l'Egliſe, & qu'elle ne renverſera, & n'entraiſnera pas ſeulement des roſeaux & des buiſſons, mais encore des pins & des ce-dres. Selon ces Prophetes, les Papes, les Eveſques, toutes les Vniverſi-tez, toutes les Communautez de Reguliers, le Roy aſſis dans ſon Con-ſeil & dans ſon Parlement, & tous ſes Conſeillers d'Eſtat, & autres, ont eſté poſſedez par cette prodigieuſe tentation. Tous ceux qui ont obeï au Pape & au Roy, ſe ſont appuyez, diſent-ils, ſur le roſeau; ils n'ont eſté qu'inconſtance, que fragilité; ils ont la honte d'avoir eſté la pluſpart au commencement plus que des hommes par leurs genereuſes reſolutions, & d'être moins que des femmes dans la ſuite par leurs laſches condeſcendances.

Ils diſent dans la page 4. qu'autrefois le Demon perſecutoit l'Egliſe en lion, par l'effuſion du ſang; & qu'aujourd huy il la perſecute en ſerpent, lors qu'au lieu de vouloir forcer ouvertement à renoncer à I. C. il veut per-ſuader adroitement cette abominable renonciation, en voulant faire une do-ctrine plauſible, d'une doctrine damnable.

Selon ces Mrs, le Pape, les Eveſques, les Docteurs qui excitent à ſou-ſcrire les definitions de l'Egliſe, & le Roy qui le commande, excitent à une abominable renonciation de IESUS-CHRIST; & à la profeſſion d'une doctrine damnable. Que l'on confere tout le traité qui paroiſt, dit-on, pour juſtifier celuy-cy, & l'on verra s'il n eſt pas plein de fraudes, de diſſimulations, & de déguiſemens.

Dans la page 6. *Ne nous proſtituons pas aux deſirs de l'ennemi qui nous veut ſurmonter. Ne nous abandonnons pas à ſes deſſeins. Ne nous laiſſons pas tomber dans le precipice, quoy que cét ennemi ſe ſerve de nos amis, de nos peres, de nos freres, de nos ſuperieurs, de toutes les puiſſances de la terre, &c.*

N'eſt-ce point là verifier ce que M. d'Ambrun a dit, que l'on enſeignoit à s'élever contre les Puiſſances pour l'intereſt d'une mauvaiſe doctrine?

Dans la page 8. *Voila le ſentiment que nous devons imiter à l'égard de ceux qui combattent la doctrine de l'Egliſe.* C'eſt ainſi que par une impieté inſupportable ils appellent doctrine de l'Egliſe, leurs hereſies qu'elle a condamnées.

Dans la page 11. ils uſurpent ces paroles des Martyrs: *Nous avons mé-priſé les loix deteſtables qu'on a faites contre la verité; & ſi nous n'avons point encore répandu noſtre ſang, nous ſommes preſts de le répandre.*

Sous quel viſage conſiderent-ils le Roy, & de quelle ſorte prétendent-ils répandre leur ſang contre les Loix.

Dans la page 13. ils prennent pour eux ces paroles, que S. Cyprien a écrites pour les ſaints Martyrs contre les Tyrans: *S'ils perſiſtent dans leur fureur, & s'ils ont la cruauté de continuer à nous dreſſer des em-buſches, & à nous faire des menaces parricides, ils doivent eſtre aſſu-rez qu'il n'y a point de Preſtre de Dieu ſi foible, ſi bas, ſi laſche, ſi im-puiſſant par l'imbecillité commune de la nature, qui ne s'éleve par le ſe-*

tours de la grace contre les ennemis de Dieu, & contre les adversaires de la verité. N'est-ce point là justifier les paroles de M. d'Ambrun ? Que pour la défense de leur parti, ils enseignent, & excitent mesme leurs sectateurs à se revolter contre les Puissances.

Dans la page 17. ils écrivent en grosses lettres, que *l'Eglise de France, dans le Clergé & dans les Monasteres, est tout-à-fait renversée & ruinée;* & dans la page 18 ils disent au sujet de ceux qui s'opposent à leur doctrine : *Vne horrible corruption infecte aujourd'huy tout le corps de l'Eglise ; & sa maladie est d'autant plus desesperée, qu'elle est plus répanduë, & d'autant plus perilleuse, qu'elle est plus interieure.* C'est à dire qu'il n'y a de foy & de verité que dans leur secte ; ce qui est allumer évidemment le flambeau de la revolte & de la sedition dans l'Estat: Et on ne peut dire que ce soient-là les paroles des saints Peres.

I'omets les autres applications scandaleuses dont l'ouvrage est rempli depuis le commencement jusqu'à la fin, particulierement celle d'une dispense obtenuë du Pape par surprise, & sur une Requeste supposée par Adam Religieux de Clairvaux au prejudice de son vœu de stabilité, & des interests de son Abbé. Parce que S. Bernard estimoit cette dispense invalide, M rs de P. R. veulent que l'on infere la mesme nullité pour les Constitutions des deux Papes, portées apres trois ans de discussion de la doctrine de Iansenius, apres un jugement tres-solennel, & apres leur reception dans l'Eglise.

C'est dans ces impies & temeraires applications des discours & de l'intention des SS. Peres, que M. d'Ambrun a entendu qu'il y avoit de la fausseté ; c'est le changement de ce qu'ils ont dit pour la seule cause de la Foy, en ce qui regarde la cause d'une doctrine condamnée, qu'il a appellé heretique. C'est l'obstination à defendre l'heresie contre les Puissances spirituelles & temporelles, sous le nom auguste de la verité, qu'il a voulu faire connoistre à tout le monde. On peut dire sans crainte que nostre siecle n'a rien vû de plus impudent en foy que ce traité, de plus impie contre l'Eglise, de plus injurieux au Roy, de plus pernicieux à l'Estat, de plus funeste dans ses effets, de plus capable d'exciter de grandes rebellions, & dont la defense que l'on m'assure estre publique depuis que cet ouvrage est sous la presse, meritast des punitions plus exemplaires.

Que si M rs de P. R. ne rougissent pas encore d'avoir obligé M. d'Ambrun à découvrir cette audace que le temps auroit obscurcie, s'ils ne la renouvelloient pas tous les jours par de nouvelles desobeissances ; qu'ils sçachent qu'il fera connoistre au Roy un second traité qui ne cede guere à celuy-ci en venin, en irreligion, en faussetez & en hardiesse à inspirer la rebellion & la revolte contre les Puissances.

P A G E 14. & 15.

Rien n'est plus éloigné de la revolte que la constance Chrestienne ; car les hommes ne s'élevent contre les Puissances legitimes, sous pretexte de defendre ce qu'ils

appellent

appellent verité, que parce qu'ils manquent de fermeté, de courage & de conftance pour s'expofer aux mauvais traitemens qu'ils en apprehendent. C'eft cette difpofition qui fait les rebelles ; au lieu que l'autre eft le plus ferme fondement de la fidelité des fujets envers leurs Princes. Enfeigner l'une, c'eft une maxime cruelle &
ennemie du Chriftianifme ; mais on ne peut fans un étrange blafpheme qualifier
de la mefme forte la doctrine de ceux qui enfeignent l'autre ; puifque ce font deux
veritez également conftantes dans la Religion Chreftienne, qu'il ne faut point
s'élever contre les Puiffances que Dieu a établies fur nous ; & qu'il faut fouffrir
toutes chofes plûtoft que de trahir les mouvemens de fa confcience.

Vous avez bien prevû que ce feroit par voftre difcours de la Conftance, que l'on vous convaincroit d'avoir excité vos fectateurs à la revolte. Mais quelque foin que voftre confcience criminelle vous infpire
de vous laver des impietez qui font l'ame de ce libelle impur, vous ne
le ferez jamais changer de nature qu'en tournant contre les Calviniftes
les armes que dans cet écrit vous avez prifes contre les Papes. Vous ne
rendrez la verité à cet ouvrage, qu'apres que vous l'aurez renduë à voftre cœur ; & la conftance heretique à laquelle vous excitez les complices de voftre rebellion, ne deviendra fidele, que lorfque vous l'e-
xercerez contre vos erreurs. Car vous ne difconviendrez pas que l'obfti-
nation des ennemis de l'Eglife ne foit auffi éloignée de la conftance Chreftienne, que cette fainte fermeté l'eft de la revolte. Plus vous perfiftez
dans la refiftance au S. Siege & au Roy, plus vous devenez foibles dans
la Foy ; & moins vous apprehendez les peines dont le Roy punit la defenfe de ce que vous appellez verité, & que l'Eglife appelle impieté &
herefie, plus vous vous élevez par legereté contre les Puiffances legitimes. C'eft donc voftre difpofition qui fait les rebelles ; & ce font des
defenfes femblables à celles que vous prenez des erreurs que vous appellez verité, qui avoient bafti les remparts de Montauban & de la Ro-
chelle. On ne peut fans un étrange blafpheme qualifier de ce nom de
verité, ce que l'Eglife frape d'anatheme ; & comme c'eft une doctrine
conftante dans la Religion Chreftienne, qu'il ne faut point s'élever
contre les Puiffances que Dieu a établies fur nous : auffi c'eft une maxime
que tous les Calviniftes foûtiennent au mefme fens que vous, qu'il faut
fouffrir toutes chofes plûtoft que de trahir les mouvemens de fa confcience. Car cette propofition devient impie, lorfque l'on s'eft formé
une confcience contraire à la Foy, & à la pieté de l'Eglife Catholique.

PAGE 16.

Peut-eftre que ceux qui jugent fi mal des autres, & qui tafchent avec fi peu de
raifon de vous rendre leur fidelité fufpecte, ont moins de fujet de fe glorifier de
leur attachement à voftre fervice.

Il n'y a point d'efprits qui ayent moins de pudeur, ni qui foient plus
à craindre dans un Eftat que ceux qui depuis quinze ans levent l'étendart
de la defobeïffance contre le Roy & contre l'Eglife, & qui toutefois font
affez hardis pour fe vanter d'eftre plus fideles que ceux qui ont donné de
grandes preuves de leur zele pour la Couronne. Il n'y en a point qui fe

rendent plus suspects que ceux, qui pendant qu'ils sont chefs & fauteurs d'une grande rebellion contre les ordres du Roy, osent se glorifier de leur attachement à son service. Mais c'est ainsi que les Calvinistes ont toûjours parlé à nos Roys, comme il se voit dans les Epistres qu'ils leur adressent.

PAGE 16. & 11.

M. d'Ambrun assure V. M. que voulant suivre jusqu'au bout l'esprit des heretiques, nous ne manquerons pas de prendre les armes aussi-tost que nous nous sentitons assez forts pour établir nostre secte par la force.

J'ay remis dans les paroles de M. d'Ambrun le mot de secte, que vostre honte, ou vostre delicatesse avoit changé en mauvaise doctrine : & je m'assure que tout homme éclairé qui se souviendra de l'humeur des heretiques, & de ce qu'ils ont fait en France depuis plus d'un siecle, ne condamnera pas le jugement de M. d'Ambrun. Ce n'est point mal raisonner de conclure de vostre obstination presente, de vostre haine, de vostre fierté, & de toutes les autres qualitez dont vous avez donné tant de marques, qu'il n'y a point de parti que vous ne preniez plûtost que celuy de l'obeïssance & de l'humilité.

PAGE 16.

C'est ainsi qu'il fait le Politique en jugeant de l'esprit de V. M. par la foiblesse du sien, & en taschant de faire peur de trois ou quatre Ecrivains de P. R. à un Prince qui fait trembler toute l'Europe.

Où est ici le sens commun de ces grands genies de P. R. qui voient évidemment ce que les plus éclairez ne voient pas, de vouloir faire passer auprès du Roy pour foible d'esprit un Archevesque dont S. M. fait beaucoup d'estat ? Et pourroit-on croire, si tout ce discours ne le montroit, que la passion jettast ces Docteurs dans un si étrange aveuglement, qu'ils n'épargnassent pas la sagesse du Roy, pour obscurcir celle d'un Prelat que S. M. honore de son estime.

Au reste ce n'est pas le petit nombre des Ecrivains de P. R. mais c'est leur venin qui est à craindre. La langue, dit S. Iacques, n'est qu'une petite partie du corps ; toutefois combien se peut-elle vanter de faire de grandes choses ? Ne voiez-vous pas combien un petit feu est capable d'allumer de bois ? La langue aussi est un feu. C'est un monde d'iniquité, & n'estant qu'un de nos membres, elle infecte tout le corps ; elle enflâme tout le cercle, & tout le cours de nostre vie, & est elle-mesme enflâmée du feu de l'enfer. Nul homme ne peut dompter la langue ; c'est un mal inquiet & intraitable, elle est pleine d'un venin mortel. Si une raillerie adroite & amere peut faire passer pour foiblesse & pour vision l'avis que M. d'Ambrun donne au Roy de se defier d'une secte, qui jettant ses racines fort loin dés sa naissance, se dit petite par le nombre de ses Ecrivains, que S. Ierôme soit tenu pour foible & pour visionnaire, lorsqu'il parle en ces termes dans son commentaire sur l'Epistre aux Galates, Ne croiez pas qu'il faille mépriser les pieges d'un petit nombre de perſonnes, qui enſeignent une doctrine contraire à celle de l'Egliſe. C'eſt peu de choſe qu'une étincelle, & elle diſparoiſt preſque au meſme moment qu'on l'apperçoit; neantmoins ſi elle rencontre une matiere combuſtible, quelque petit que ſoit ſon feu, il eſt capable de conſumer les villes, les foreſts, & les pays entiers. C'eſt comme le levain qui ſemble n'eſtre rien; toutefois s'il eſt détrempé dans la farine, & qu'il ait répandu ſa force dans toute la pâte, il change en ſa qualité tout ce qu'il penetre. Il en eſt de meſme d'une mauvaiſe doctrine; elle ne commence que par un ſeul homme, & à peine trouve-t-elle d'abord deux ou trois auditeurs : Mais peu à peu elle ſe répand comme la gangrene dans le corps; & ſelon le proverbe, une brebis malade infecte tout le troupeau. Il faut donc éteindre l'étincelle, auſſi-tôſt qu'on la voit paroiſtre; il faut éloigner le levain de la pâte; il faut couper la chair morte, & ſeparer de la bergerie les brebis infectées, de peur que toute la maiſon ne brûle, que la pâte ne ſe corrompe, que le corps ne ſe pourriſſe, & que tout le troupeau ne meure. Arius ne fut qu'une étincelle dans Alexandrie, mais parce qu'on ne l'étouffa pas d'abord, ſa flâme ravagea toute la terre. Mrs de P. R. tiendront-ils que ce grand Saint fuſt foible d'eſprit, ou viſionnaire & imaginatif? Que s'ils ne deferent pas à ſes penſées, qu'ils conſiderent les feux que non ſeulement Arius, mais Mahometh, Neſtorius, Eutyches, Photius, Luther & Calvin, plus petits qu'eux d'abord ſans comparaiſon, ont allumez, & que tant de ſiecles n'ont pû éteindre. Mais ces M^{rs} ne ſont-ils pas admirables, de vouloir faire accroire au Roy que c'eſt quatre Ecrivains ſeulement que M. d'Ambrun luy a dépeints comme redoutables à ſon Eſtat; veu qu'il a toûjours parlé d'une ſecte qui s'eſt déja répanduë dans toutes les Provinces? Qui ne ſçait qu'elle a pluſieurs ſectateurs dans la Cour, & preſque dans tous les corps du Royaume? Qu'elle partage les Vniverſitez, & les Communautez Religieuſes? Qu'elle eſt aſſez adroite pour ſurprendre un grand nombre de perſonnes illuſtres dans le cœur & dans toutes les extremitez de la France, & pour les engager à écrire des lettres en faveur de ſes protecteurs? Qu'elle ne ceſſe de publier contre les Loix une infinité de livres, qui ſe diſtribuent à tous ſes confederez, & qui ſollicitent le cœur de toutes ſortes d'eſprits credules? Que depuis quinze ans elle entretient une deſobeïſſance publique aux Deciſions de l'Egliſe, & aux Declarations du Roy? Qu'elle oſe intimider tous les Eveſques, & tous les autres qui s'oppoſeront à ſes progrez? Qu'elle donne par des ouvrages imprimez le nom de la verité aux impietez & aux hereſies condamnées, & qu'elle appelle au contraire *doctrine damnable* la foy divine de l'Egliſe? Qu'elle a enfin toutes les marques d'une grande conſpiration contre le S. Siege, contre les Eveſques, & contre l'Eſtat? C'eſt de cette multitude hardie & obſtinée que les quatre Ecrivains ſont les trompettes; & ils ne ſçavent que trop que ce n'eſt point pour eux ſeuls qu'ils font retentir depuis ſi long-temps leurs ſons ſuperbes & ſeditieux. Qu'ils pleurent donc de bonne heure, comme dit S. Ierôme,

qui aliud docent, inſidias contemnendas. Scin Illa res parva eſt, & pene dum cernitur, non videtur, ſed ſi fomitem comprehenderit, & nutrimenta ſui quamvis parvus ignis invenerit, mœnia, urbes, latiſſimos ſaltus, regioneſque cóſumit. Fermentú quoque res modica videtur & nihili, ſed cùm farinæ cóſperſum totam maſſam ſuo vigore corruperit, in illius vim tranſit omne quod mix m eſt : ita & doctrina perverſa ab uno incipiens vix duos aut tres primùm in exordio reperit auditores; ſed paulatim ut cancer ſerpit in corpore, & juxta vulgare proverbium, una pecudis ſcabies totum commaculat gregé. Igitur & ſcintilla ſtatim ut apparuerit, extinguenda eſt & fermentum à maſſæ vicinia ſemovendum, ſegandæ putridæ carnes, & ſcabioſum animal à caulis ovium repellendum : ne tota domus, maſſa, corpus & pecora, ardeat, corrumpatur, putreſcat, intereant. Arius in Alexandria una ſcintilla fuit, ſed quia non ſtatim oppreſſa eſt, totum orbem ejus flamma populata eſt *S. Iero. in c. 5. ad Galat.*

Non expectent diaboli penitentiam. *S. Jerôme Epist.* 61. *ad Pammach. & Ocean.*

& que ces grands Predicateurs de la penitence la fassent pour eux & pour leurs disciples, sans attendre la penitence des demons, qui plus elle sera longue, plus elle sera infructueuse.

PAGE 17.

Nous la supplions seulement de se souvenir des conseils qu'elle sçait qu'un Evesque celebre, que l'on regarde comme estant dans la mesme cause que nous, & dont nous ferons toûjours gloire de suivre les sentimens, &c.

C'est un Evesque que la pieté & la justice avoient porté d'abord à vous conseiller d'obeïr à l'Eglise, & de souscrire le Formulaire, ainsi qu'il se voit par les lettres qu'il écrivit sur ce sujet. Mais l'illusion dont vous estes prevenus, que vous voiez évidemment dans Iansenius ce que les Papes, les Evesques, & les Facultez de Theologie non seulement n'y voient pas, mais dont ils voient clairement le contraire, vous a fait resister à son avis, & a montré avec quelle sincerité vous dites que vous ferez toûjours gloire de suivre ses sentimens.

PAGE 17. ●

Nous la supplions de se souvenir des conseils que ce Prelat a donnez à des personnes de la plus haute condition de son Royaume, que le malheur du temps avoit engagé dans des guerres contraires à leur devoir.

Il ne faut point confondre l'heresie que Iansenius enseigne de l'impossibilité des commandemens de Dieu dans les justes qui les violent, laquelle les gens de bien ne doutent point que le grand Prelat dont vous parlez, ne condamne avant que de mourir, avec la declaration qu'il fit à un grand Prince, qu'il estoit obligé de restituer aux peuples les pertes que ses armes injustes leur avoient causées. Lors que ce Prelat refuse de souscrire simplement le Formulaire du Pape, il se prive devant Dieu & devant les hommes de la loüange que toutes ses autres grandes actions luy auroient acquise. C'est le bien entier qui rend l'homme juste; & la seule desobeïssance à son chef détruit tellement toute la justice, que l'Ecriture la met au rang des pechez de magie & d'idolatrie.

PAGE 18.

C'est en quelque sorte s'ériger en souverain, que de vouloir oster aux sujets de V. M. la liberté qu'elle leur laisse d'estre aussi solitaires qu'ils le jugent à propos, pour mieux servir Dieu dans la retraite & dans le silence.

Le Roy ne vous permet point d'estre solitaires, jusqu'à ne point paroistre pour témoigner par vos signatures l'obeïssance qu'il vous oblige de rendre à l'Eglise. Il ne vous le permet point pour vous souftraire aux loix par l'usage des presses clandestines, & des écrits scandaleux, & pleins de calomnies, par lesquels à la faveur de cette retraite criminelle, vous violez les loix & les regles de la religion de l'Estat.

PAGE 18.

Il s'éleva contre nous dés le commencement de vostre regne sur le sujet du livre de la Frequente Communion une aussi grande tempeste que celle d'aujourd'huy. Ceux qui avoient entrepris de le décrier, demanderent par des libelles furieux le

sang

feng & la vie de celuy qui en eſtoit l'auteur. On voulut meſme contre les libertez
de l'Egliſe Gallicane le contraindre d'aller à Rome.

Vous eſtes ſi tranſportez de l'amour de vous-meſmes, que tout ce qui
ne flate pas voſtre paſſion vous ſemble furieux. Ce fut une perſonne
tres-zelée pour l'Eſtat, qui propoſa d'envoyer l'auteur de ce livre à Rome; & ſi cet auteur ſe fuſt ſenty auſſi innocent qu'il s'en vante dans cette Requeſte, il ſe fuſt acquis une grande gloire de triompher de ſes calomniateurs ſur un ſi illuſtre theatre. Il n'y eût pas couru plus de peril en
defendant une cauſe qu'il eſtime ſi juſte, que ſes Collegues l'Abbé de la
Lane, S. Amour, & les autres qui y ont ſoûtenu avec toute liberté pendant pluſieurs années l'opinion impie de l'impoſſibilité des preceptes aux
juſtes qui les violent. Mais on eſſaye de tirer de toutes parts de faux &
de mal-heureux avantages, & l'on donne une grande preuve de la foibleſſe de ſon droit, lors qu'on ne l'appuye que ſur des ſuppoſitions toûjours fauſſes & faciles à détruire.

P A G E 19.

Il crût que dans cette conjonẻure il ne pouvoit rien faire de plus humble, & de
plus reſpeẻueux envers V. M. que de ſe retirer dans la ſolitude, en laiſſant au
temps à diſſiper les nuages d'une infinité de calomnies qui troubloient beaucoup de
perſonnes, & les faiſoient apprehender de trouver des hereſies dans un livre qui ne
contient que les plus ſaintes maximes des Peres.

Ce ne fut pas le reſpeẻ, mais la crainte qui preſſa l'auteur de ce livre
de ſe retirer; & ce ne furent point des calomniateurs qui accuſerent ſon
ouvrage d'hereſie, puis que le S. Siege a trouvé dans la Preface, & y a
condamné celle des deux Chefs de l'Egliſe qui n'en font qu'un: elle en
eût même cenſuré d'autres dans le livre, ſi la conſideration des Eveſques qui luy écrivirent, quoy que leurs approbations euſſent eſté ob-
tenuës pour la pluſpart en la maniere de celle de M. de Cambray, n'en
eût ſuſpendu juſqu'à cette heure le jugement. C'eſt donc par une vanité digne de gens rebelles, & qui ne reconnoiſſent jamais leurs fautes,
que l'on s'attribuë l'eſtime de l'Inquiſition, de tous les Preſtres pieux, &
de tous les ſaints Eveſques de France. Car il eſt certain qu'il y en a beaucoup qui gemiſſent de voir augmenter de jour en jour les effets deplora-
bles que ce livre artificieux a produits. Les plus éclairez ne peuvent voir
ſans douleur qu'il ait éteint en pluſieurs excellens Preſtres le zele du ſa-
lut des ames, & qu'au lieu de la confiance en la bonté paternelle que
Dieu deſire de ſes enfans, il ait remply les eſprits d'une crainte lâche &
ſcrupuleuſe.

P A G E 21.

Nous avons cent fois confondu ceux qui ont voulu rendre noſtre foy ſuſpeẻe.
Nous les avons convaincus d'impoſture quand ils nous ont accuſé de ne pas condamner ſincerement les cinq Propoſitions.

A ce que l'on peut juger, vous ne feriez pas mal le perſonnage du
Capitan dans la Comedie. En un mot, n'avez-vous point meſme reduit
le S. Siege à vous faire amende honorable, de ce qu'il n'a pas canoniſé

I

la doctrine de Ianfenius dans les cinq Propofitions? Ne l'avez-vous point auffi reduit à la legitime penitence, pour ofer encore exiger de vous apres toutes vos declarations, que vous figniez le Formulaire, & que vous prononciez anatheme contre le fens de voftre Docteur ? *Quid vos jactatis, & inaniter fpumeum diffunditis eloquium ?*

Aug. lib. 5. contr. Jul. cap. 9.

P A G E   22.

Nous avons bien voulu aller au devant des interpretations malicieufes que l'on pouvoit donner à nos fentimens. Nous en avons envoyé l'explication en termes clairs & precis au feu Pape d'heureufe memoire. Et ce Pape que perfonne ne foupçonnera de nous avoir efté trop favorable, nous a rendu le témoignage le plus avantageux que nous pouvons fouhaiter, en declarant par fon Bref que noftre doctrine eftoit fainte.

Bien loin que vous ayez voulu aller au devant des interpretations que l'on pourroit donner à vos fentimens, lefquelles vous appellez malicieufes, & que le S. Siege a eftimé juftes, que vous avez plûtoft donné fujet aux Evefques de France, qui s'eftoient affemblez tant de fois pour faire voftre paix, & qui enfuite des definitions des Papes, avoient jugé voftre caufe, de fe plaindre que vous leur ayez voulu dérober la connoiffance de voftre feint accommodement. Ils s'offenfent de ce qu'en leur cachant voftre foûmiffion apparente, dont ils euffent decouvert l'artifice, vous avez tâché de furprendre le S. Siege, & d'en obtenir une couverture à vos erreurs ; De ce que par cette conduite vous les avez expofez à une tache d'ignorance dans l'efprit du peuple : & que vous avez voulu leur infulter en vous montrant plus éclairez qu'eux, & en faifant paffer la fermeté de toutes leurs Affemblées à voftre égard, pour une humeur opiniaftre, & pour un defaut de douceur & de charité.

Quant à vos explications, que vous dites avoir efté fi claires, le feu Pape apres avoir confideré par l'avis d'une Congregation extraordinaire de Cardinaux & de Docteurs, qu'elles ne fervoient de rien pour le point dont il eftoit queftion ; voyant voftre fouftraction à la connoiffance des Evefques, dont les jugemens avoient efté fi prudens & fi fideles dans toutes leurs Affemblées ; fçachant qu'ils connoiffoient parfaitement les replis de voftre efprit, il leur renvoya l'execution de l'affaire, en obfervant trois chofes qui détruifent ce pretendu témoignage de fon Bref, que par une infigne vanité, & une impofture groffiere, vous avez voulu tourner à la loüange & à l'approbation de voftre doctrine. Premierement c'eft qu'il a eu de la joye, dit-il, d'avoir fceu par des lettres écrites de France que plufieurs revenoient de l'erreur, en fe foûmettant aux Conftitutions Apoftoliques : *Illorum in dies crefcere numerum qui recta fapiunt, Conftitutionibus Apoftolicis ultrò fe fubjicientes :* ce qui ne peut s'entendre que de ceux qui fignoient le Formulaire des Evefques ; & non pas de vous qui en avez refufé la foufcription, mefme apres l'avoir promife par écrit à ce Souverain Pontife. Ce mot donc, *qui recta fapiunt,* fur lequel feul vous pouvez fonder voftre pretendu témoignage, ne vous regarde point, puis qu'il eft infeparable de cette claufe à laquelle vous n'avez jamais satisfait, *Præfatis Constitutionibus ultrò se subyicientes.*

La seconde, qu'en parlant de vous, il dit sans faire mention de vos articles, qu'estant portez à suivre une plus saine doctrine, vous promettiez de vous soûmettre à tout ce qui seroit ordonné par le S. Siege: *ad saniorem doctrinam inducti, eâ quâ par est, ut credimus, animi demissione se se paratos exhibuerint ad ea præstanda quæ illis à Sede Apostolica præscribentur.* Il ne tient compte de vostre plus saine doctrine, qu'autant que vous rendrez d'obeïssance aux Constitutions Apostoliques, en ne donnant pas seulement des articles suspects & captieux; mais en condamnant la doctrine censurée. Il n'ignoroit pas les diverses declarations que vous aviez presentées aux Evesques & au Cardinal Picolomini pendant sa Nonciature, qui toutes contenoient en substance la mesme chose quant à la doctrine, que celle que vous aviez envoyée à sa Sainteté; & ainsi il ne pouvoit vous attribuer une plus saine doctrine, que dans l'esperance d'une soûmission parfaite que vous luy promettiez, & qu'il a determinée à vous rendre au jugement de l'Eglise, en condamnant la doctrine de Iansenius.

La troisiéme est, qu'en effet ce S. Pere vous imposa pour preuve infaillible de la verité de vos articles, & de vos promesses d'obeïr, la necessité de condamner les cinq Propositions au sens de vostre Evesque d'Ipre. C'a esté donc en cette condamnation, qu'il a establi la marque de la pureté, ou de la corruption de vostre doctrine; & toutes les loüanges que vous vous glorifiez qu'il vous a données, perissent & sont revoquées par vostre des-obeïssance.

P A G E 23.

V. M. voit donc que si l'on avoit quelque chose à nous reprocher, ce seroit seulement la pensée que nous avons qu'on ne peut nous assujettir par autorité à la creance d'un fait decidé par le Pape.

Quoy que Mrs de P. R. n'ayent pû s'exempter par leurs impostures & leurs mensonges, de tous les reproches que M. d'Ambrun, les Evesques, les Papes, & tous les fideles Docteurs leur font de troubler l'Eglise, & d'entraîner avec eux un grand nombre de toutes sortes de personnes dans le precipice; quoy qu'ils soient chargez du crime de l'heresie, du schisme, & de la revolte contre toutes les Puissances, ils ont neantmoins si peu de pudeur que de se dire seulement coupables de ne pas idolâtrer la parole d'un homme, car c'est ainsi qu'ils parlent du jugement du Pape sur un point de fait. Mais le saint Siege n'a jamais fait autre chose qu'examiner la doctrine de Iansenius touchant les cinq Propositions, comme par exemple quant à la premiere; que les commandemens de Dieu sont impossibles à tous les justes qui les violent. Neantmoins ces Mrs par un esprit qui les devroit faire trembler, *s'ils n'avoient pas baissé leurs yeux de peur de voir le Ciel,* comme parle Daniel, *& de peur de se souvenir des justes jugemens,* n'ont pas craint de détruire

tous les decrets des Papes & des Conciles generaux contre les heretiques,
& contre leurs écrits, en éludant la condamnation des faits mesme per-
manens, indépendans de l'incertitude des témoins, visibles à tous les
doctes, & des faits qui regardent la paix de toute l'Eglise. Ils s'opposent
à toute protection particuliere de I e s u s-C h r i s t dans les decisions
de son Epouse, en tout ce qui ne regarde pas la Foy; ils jettent les se-
mences du mépris de la canonisation des Saints, des témoignages mesmes que les Papes ont rendus à la doctrine de saint Augustin & de saint
Thomas, dont les ennemis auront droit de rejetter l'autorité par l'erreur
que le P. R. attribuë aux Papes touchant la doctrine de Iansenius. Tant
leur passion de desobeïssance est insensée d'aimer mieux se priver eux-
mesmes de ce qu'ils cherissent le plus, & de ce qu'ils établissent pour un
de leurs principaux fondemens, qui est la pureté des maximes de saint
Augustin, que de ne pas resister au saint Siege qui les a condamnez.

P A G E 23.

Mais ne seroit-ce pas, S I R E, la chose du monde la plus injuste, de nous vouloir faire un crime d'une doctrine qui est certainement celle de toute l'Eglise, &
que tout le monde sçait estre tellement conforme à la tradition & aux sentimens de
tous les Docteurs anciens & nouveaux, que plusieurs Evesques témoignent qu'il
n'y a que cette certitude & cette evidence qui les ait empeschez d'en faire la declaration expresse par leurs Mandemens.

Ne vous estes-vous donc pas moquez de ces Evesques, de toute la
France, & de vous-mesmes, lorsque vous avez écrit, *qu'on ne pouvoit*
croire aujourd'huy sans heresie, qu'il puisse y avoir dans les livres de
saint Augustin des erreurs & des propositions qui meritent d'estre cen-
surées, & que c'est condamner non pas saint Augustin, mais le saint
Siege Apostolique, & toute l'Eglise, qui l'a declaré exempt mesme de
tout soupçon d'avoir erré, & d'avoir passé les bornes de la verité dans
ses écrits, appellant méchans tous ceux qui oseroient parler de luy de
la sorte? En quelle Ecriture, & par quelle tradition Apostolique ce
fait de la fidelité de saint Augustin dans tous ses traitez de la Grace est-
elle revelée? N'est-ce donc point vous-mesmes qui appellez criminels &
heretiques tous les Evesques qui ont enseigné par leurs Mandemens imprimez & non imprimez, ceux qui l'ont fait par leurs procés verbaux,
ceux qui declarent qu'ils l'ont ainsi entendu, & ceux qui ont receu les
signatures avec restrictions, que le saint Siege & toute l'Eglise s'est pû
tromper dans la declaration du fait qui regarde la doctrine de saint Augustin? Il faut avoüer que l'on vous fait & dans l'Eglise, & dehors, des
argumens *ad hominem*, qui ne vous sont pas fort commodes.

P A G E 24.

V. M. a trop de lumiere pour ne pas voir, que comme on n'a que ce seul pretexte de nous accuser d'heresie, on ne le peut faire avec couleur sans en introduire une
tres-grande & tres-prejudiciable à tous les Souverains, qui est l'infaillibilité du
Pape dans les faits mesmes, & sans renverser les articles de Sorbonne.

La grande lumiere du Roy luy a toûjours fait voir depuis le commencement

cement de voſtre revolte, juſqu'aujourd'huy, que ce n'eſtoit point le pretexte de l'infaillibilité du Pape dans les faits; mais que c'eſtoit voſtre manifeſte rebellion contre le jugement qu'il a porté contre la doctrine de Ianſenius, qui vous convainquoit d'hereſie. La meſme lumiere luy a fait comprendre ce que les plus doctes Eveſques luy ont ſouvent declaré, que l'infaillibilité du Pape dans les faits, comme elle eſt expliquée par les Docteurs Catholiques, ne fait aucun prejudice aux Souverains; & que l'Empereur, le Roy d'Eſpagne, & les autres Princes ne s'en mettent point en peine, parce qu'ils ſçavent tous que ce n'eſt point à l'égard des faits qui regardent les droits de leurs Couronnes, mais à l'égard de la Foy & de la Religion, que les Theologiens tiennent que le Pape ſuivi de l'Egliſe eſt infaillible. Le Roy eſt bien informé que cette doctrine ne renverſe point les articles de la Sorbonne, & que les Docteurs François enſeignent d'un commun accord que quelque infaillibilité qu'il y ait dans le Pape avec l'Egliſe touchant la Religion, il n'a point pour cela de droit de juger du temporel des Rois. S. M. ſçait que la Sorbonne ne fait point profeſſion de tenir aucune infaillibilité dans le Pape, lors qu'il parle ſeul, & ſans aucun concours de l'Egliſe: mais auſſi elle voit bien que la pluſpart des Eveſques de France ayant demandé au ſaint Siege une deciſion de Foy ſur la doctrine de Ianſenius touchant les cinq Propoſitions tirées de ſon livre; que S. M. s'eſtant jointe à eux pour obtenir cette deciſion, & que les Eveſques de ſon Royaume l'ayant receuë, comme une doctrine de Foy, elle la doit tenir en cette meſme qualité, & vous obliger comme elle fait, de vous y ſoûmettre ſelon toute la forme, & tous les termes du jugement des Papes.

Le Roy connoît maintenant l'artifice dangereux, par lequel en diſputant le fait du ſens de Ianſenius, vous pretendez eluder le jugement qu'il a pourſuivi, & qu'il a fait rendre touchant le droit, & la propre doctrine de cet auteur: & il eſt d'autant plus zelé contre voſtre chicane ſchiſmatique & rebelle, qu'il voit que le venin s'en étend à toutes les condamnations des heretiques des ſiecles paſſez & à venir, ſoit qu'elles procedent des Papes, & de l'inſtance des Rois, ſoit des Conciles generaux.

Ce ſage Monarque ſe croit obligé de vous reduire à l'obeïſſance, parce qu'il voit l'audace de voſtre diſtinction en cette rencontre, où elle ne peut avoir de lieu, & où elle a eſté declarée injuſte par le ſaint Siege, & par les Eveſques; & quand elle ne ſeroit pas condamnée, il ſçait qu'elle eſt frauduleuſe & éloignée de toute ſincerité. S. M. voit que vous confondez à deſſein toutes ſortes de faits, & que ſous pretexte qu'il y en a de particuliers, qui dépendent du témoignage des hommes, & dans leſquels on peut ſurprendre la religion de tous les Princes de l'Egliſe, vous voulez qu'il en ſoit de meſme des faits invariables, evidens, exempts de l'artifice des fauſſaires, auquel rang eſt la doctrine contenuë dans le livre d'un Theologien; & des faits qui en quelque maniere que ce ſoit regardent la paix de tous les fideles. S. M. ſe ſcandaliſe de ce que vous raviſſez

en ces rencontres l'infaillibilité à l'Eglife , & que vous donnez par ce
moyen un jufte fujet aux plus Catholiques de douter de la canonifation
des Saints ; de fe défier de la gloire du grand faint Louis , de fainte The-
refe , de faint François de Sales , & de milles autres femblables ; & que
vous les induifez à croire par confequent comme une doctrine de toute
l'Eglife , que le Pape puiffe declarer folennellement qu'un damné qui
brûle dans l'enfer parmi les Demons , foit couronné dans le Ciel avec
I ESUS-CHRIST ; que l'on doive honorer fa memoire par des feftes &
par des offices publics , qu'il faille invoquer fon fecours , & que les
Chreftiens fe doivent propofer fa vie comme un modele de leurs actions.

Mais ce qui augmente l'indignation du Roy contre la maniere dont
vous défendez vos opinions condamnées , c'eft que vous penfez jetter
dans fon ame tres-Chreftienne une vaine crainte des jugemens de l'E-
glife , fi l'on dit qu'elle eft infaillible en aucune forte de faits. S. M.
fçait que les Calviniftes voulant faire leur Cour , & introduire tout en-
femble la divifion entre les Catholiques , émeurent dans les derniers
Eftats de Paris , la controverfe du pouvoir de l'Eglife fur les Rois : ainfi
que les quatre Miniftres de Charenton s'en vanterent dans l'écrit qu'ils
adrefferent depuis au feu Roy de glorieufe memoire. Mais je me garde-
ray bien de vous fuivre dans l'engagement que vous affectez d'une fi
odieufe difpute. Ioüiffons du repos que les bons François poffedent fous
l'autorité de tous leurs Docteurs , qui foûtiennent que l'Eglife n'a aucun
pouvoir fur le temporel de cette Couronne : Dans les feuls cas mefme où
les plus zelez contre la Puiffance fpirituelle la limitent à l'égard de nos
Souverains , fçavoir au mépris du ferment qu'ils ont fait à Dieu & à leur
Eftat de vivre & de mourir dans la Religion Catholique ; à la rebellion
contre IESUS-CHRIST (ce qui eft feulement impie à s'imaginer des
Princes fi Chreftiens) à la declaration d'une guerre ouverte contre la
Foy , jufqu'à forcer leurs fujets par des fupplices à la renoncer. Dans
ces cas-là , dif-je (que je veux tenir moralement impoffibles pour beaucoup de grandes raifons) ce feroit toûjours mon fentiment d'imiter plûtoft les premiers Chreftiens qui vivoient fous Neron & fous Diocletien,
& d'implorer comme eux la mifericorde de Dieu noftre pere par des
prieres , & des larmes , que d'avoir recours aux triftes remedes de l'épée
& des foudres de l'Eglife.

Liv. 7. Epif. 48 . Le grand François de Sales dont la prudence ne cedoit en rien à la
» fainteté , eftimoit cette controverfe également difficile & inutile. Diffi-
» cile , non en elle-mefme , difoit-il , car elle eft facile aux efprits qui en
» cherchent l'éclairciffement par le chemin de la charité : mais difficile ;
» parce qu'en ce fiecle qui abonde en efprits ardents & contentieux , il eft
» mal-aifé de rien dire qui n'offenfe ceux , qui faifant les bons valets , foit
» du Pape , foit des Princes , ne veulent que les extremitez ; ne confiderant
» pas qu'on ne fçauroit faire pis pour un pere , que de luy ofter l'amour de
» fes enfans ; ni pour les enfans , que de leur ofter le refpect qu'ils doivent
» à leur pere.

Mais je dis inutile, parce que le Pape ne demande rien aux Rois pour «
ce regard. Il les ayme tous tendrement ; il souhaite la fermeté & stabi- «
lité de leurs couronnes, il vit doucement & amiablement avec eux ; il ne «
fait presque rien dans leurs Estats non pas mesme en ce qui regarde les «
choses purement Ecclesiastiques, qu'avec leur agréement & volonté. «
Qu'est il donc besoin de s'empresser maintenant à l'examen de son auto- «
rité sur les choses temporelles, & par ce moyen d'ouvrir la porte à la «
dissension & à la discorde. «

I'ay une douleur extrême au cœur, de sçavoir que cette dispute de «
l'autorité du Pape soit le joüet & le sujet des entretiens de tant de per- «
sonnes, qui peu capables de la resolution que l'on y peut prendre, au «
lieu de la decider, la déchirent ; & ce qui est le pis, en la troublant trou- «
blent la paix de plusieurs ames, & en la déchirant déchirent la tres-sainte «
unanimité des Catholiques ; il n'y a rien à ajoûter à des sentimens si «
saints & si sages.

P A G E 30.

Il est facile de donner la paix à l'Eglise, V. M. n'a qu'à faire executer les loix
& les Canons qui ont imposé de tres-justes peines aux accusateurs temeraires, & à
suivre l'esprit d'un grand Pape, qui a dit excellemment, que de ce qu'un homme
a pû estre accusé ; on ne doit pas juger qu'il soit coupable.

Vous cherchez l'impunité de vostre desobeïssance à l'Eglise. Vostre
cause a esté jugée par le S. Siege & par les Evesques ; Vous avez envoié
des Docteurs à Rome pour la defendre ; le Roy vous commande d'executer le jugement en signant le Formulaire du Pape ; & vous ne comptez
pour rien l'autorité de IESUS-CHRIST, qui reside en ces deux Puissances. C'est ainsi que Iulien refusant d'obeïr à la condamnation que les E-
vesques & le S. Siege avoient prononcée contre son heresie, S. Augustin
luy fait ce reproche : *Vostre cause a esté terminée par un legitime jugement*
d'Evesques (& ailleurs il dit, du S. Siege ;) & quant à la revision du pro-
cés, il n'en faut plus traiter avec vous, si ce n'est pour vous obliger de sui-
vre en paix la definition qui a esté faite touchant vostre doctrine : ou si vous
ne le voulez pas, il ne reste qu'à arrester les troubles que vous excitez par
vos armes, & par vos embusches. C'est ainsi que les Maximianistes, dit
le mesme S. Augustin, se plaignoient de la forme, de l'instruction, &
de la decision de leur procés. C'est ainsi que Calvin apres avoir esté condamné, disoit dans sa lettre à François I. *Ie sçai de quels horribles rap-*
ports on a rempli vos oreilles & vostre cœur pour vous rendre nostre cause
odieuse ; Mais vous devez considerer que si l'on n'avoit égard qu'aux accu-
sations, il n'y auroit point d'innocence de vie ni de paroles qui ne fût oppri-
mée. Cessez de renouveller le langage des heretiques, & d'obscurcir par
des inventions criminelles, le flambeau lumineux du jugement des Souverains Pontifes, qui ont condamné vostre doctrine d'impieté & d'heresie.

Mais j'apprens que vous pretendez faire passer pour une foiblesse d'enfans le reproche que l'on vous fait d'imiter dans vostre conduite l'esprit &

Vestra apud com-
petens judicium
Episcoporum mo-
dò causa finita est:
nec ampliùs vobis-
cum agendum est,
quantum ad jus
examinis pertinet,
nisi ut prolatam de
hac re sententiam
cum pace sequa-
mini ; quod si no-
lueritis, à turbu-
lenta vel insidiosa
inquietudine co-
hibeamini. S.
Aug. l. 1. cont.
Iul. c. 1.
Maximianistæ vos
ad ista vaniloquia
præcesserunt. *Ibid.*

les maximes des anciens & des derniers heretiques. Il ne faut pas s'étonner, dites-vous, si pour repousser une mesme attaque, vous usez d'une
mesme forme de combat ; & si dans une mesme accusation, vous em-
ploiez les mesmes défenses. Vous ne desavoüez donc pas que vous ne sui-
viez les traces des Maximianistes, des Donatistes, des Pelagiens & de
Calvin : & sur tout que vous ne desiriez porter, à leur exemple, une cause Ecclesiastique terminée par le S. Siege, au Tribunal du Roy, qui en a
solicité la decision. Si c'est une observation puerile de remarquer vostre
conformité avec les heretiques : de quelle force est le raisonnement de S.
Augustin, qui objecte tant de fois la mesme imitation à Iulien & aux Donatistes ? Pensez-vous, comme parle le mesme Saint, que vostre nudité
soit bien couverte par ces feüilles de figuier ? Sçachez qu'elle paroist aux
yeux des Anges de l'Eglise, & que celuy qui est innocent du crime d'une
heresie condamnée par le S. Siege, ne s'en purge point de la mesme maniere que celuy qui en est coupable. Le Martyr ne parle point devant les
Iuges comme l'idolâtre, le fidele comme celuy qui renonce la foy, l'ami
de son frere, comme l'ennemi. L'heretique ne se soûmet jamais à la definition de l'Eglise, il demande de nouveaux juges, il appelle aux tribu-
naux seculiers : Celuy dont la foy est pure & sincere, condamne ce que
le S. Siege condamne, il revere le jugement du Vicaire de I e s u s-
C h r i s t, & il abandonne avec humilité l'opinion qu'il s'estoit formée,
aussi-tost qu'il sçait qu'elle a esté frappée de l'anatheme Apostolique.
Quelle difference n'y a-t'il point entre le Chrestien à qui la crainte des
tourmens, & l'amour de la vie presente ont fait perdre la foy, & celuy
que tous les supplices ne peuvent separer de l'amour de I e s u s C h r i st?
L'Apostat se presse de répondre aux Iuges qu'il n'est pas besoin pour luy
de roües, ni de chevalets, qu'il est prest d'offrir l'encens aux Dieux : Le
Confesseur au contraire declare, *Deum meum colo, illi soli servio, &*
ideo non timeo tormenta tua. I'adore mon Dieu, je n'en sers point d'autre que luy seul, c'est ce qui me fait mépriser vos tourmens. Vous voiez
que tous deux sont accusez d'un mesme peché, mais que leurs réponses
sont toutes differentes. Ce n'est donc pas la mesme accusation, qui produit la mesme defense : c'est la commission du mesme crime. Deux ennemis de leur frere paroissant devant le Iuge allegueront les mesmes raisons
de leur inimitié, pendant qu'ils seront animez contre leur propre sang ;
mais si l'un d'eux reprimant sa haine revient à sa premiere tendresse, il
changera les calomnies, & les fraudes dont il troubloit le repos de son
frere innocent, en excuses envers luy, en soûmission à tout ce que le Iuge desirera, en caresses & en embrassemens ; s'éloignant autant de la
poursuite que luy fait celuy qui persiste dans sa colere, qu'il l'avoit secon-
dé lors qu'il s'estoit joint à son injustice. On voit donc maintenant que le
voile dont Mrs de P. R. pensent couvrir leur imitation de Calvin, & des
autres Heresiarques, ne les exempte pas d'agir selon leur mesme esprit,
mais qu'il les oblige de reconnoistre leur conformité avec eux. Car la
mesme

mefme voie de defenfe dans une mefme accufation n'eft fuivie que par les complices ou par les imitateurs du mefme crime, & tous ceux qui feront fauffement accufez du Ianfenifme condamné, ne demanderont jamais un nouveau jugement du Roy, mais ils foufcriront fincerement les Confti-tutions & le Formulaire du Pape.

P A G E 31.

V. M. n'a qu'à donner quelques heures de fon application ; il ne luy en faut pas davantage pour reconnoiftre fans peine le vrai eftat de ces importunes conteftations, & qu'elles ne font fondées que fur de pures calomnies, ou fur des maximes manife-ftement erronées, ou fur de petites équivoques qui ont efté cent fois démêlées, mais qui ne l'ont pû eftre encore devant V. M. parce que ceux qui ont intereft de s'en fer-vir, pour entretenir ces brouilleries, ont efté jufques icy les feuls qui luy ayent par-lé de cette affaire. Tout cela, S I R E, difparoiftroit eftant expofé à la lumiere d'un efprit auffi penetrant que celuy de V. M. Et fi-toft que la verité luy feroit connuë, elle a trop d'équité pour ne pas l'embraffer, & pour s'arrefter à des préjugez qui femblent l'avoir bleffée.

Vous continuez de fuivre l'efprit de flaterie & d'irreligion des hereti-ques ; & le Roy qui de toutes fes auguftes qualitez n'en eftime aucune à l'égal de celle de Fils aifné de l'Eglife, a de l'horreur de celle de fon Chef, qu'à l'exemple des Anglois vous ne craignez pas de luy offrir. Tournez-vous les yeux vers le Ciel, lors que vous ofez dire, qu'en quelques heures il reconnoiftroit fans peine ce qu'à fon inftance le S. Siege n'a pû decider qu'apres des informations tres-diligentes, qui l'ont occupé pendant plus de trois années ? Confervez-vous quelque confcience, lors que vous affu-rez S. M. qu'en ce peu de temps elle auroit compris ce que la Foy nous en-feigne de la charité & de la protection de Dieu pour les juftes ; En quelle maniere le peché originel eft aboli en eux ; Quelle eft la force de leur li-berté ; Si elle eft malade encore, ou fi la charité l'a guerie ; Quelle vigueur leur donne la grace fanctifiante, pour produire de bonnes actions ; Iufqu'à quel degré s'étend la concupifcence qui demeure en eux, fi elle y eft Rey-ne ou efclave ; Quelle nature de fecours actuel leur eft neceffaire, pour pouvoir obeïr aux preceptes ; Quelle eft l'effence, quelles font les pro-prietez de la grace efficace ; fi pour eftre coupable d'un peché, il faut avoir un pouvoir acquis, ou poffible feulement de l'éviter ; & cent autres que-ftions tres-épineufes & tres-obfcures, dont la connoiffance exacte eft ne-ceffaire pour bien concevoir l'eftat des conteftations qui regardent le Ian-fenifme ? Vous refte-t'il encore un peu de front, d'avancer que c'eft une pure calomnie de dire que voftre Docteur enfeigne l'impoffibilité des pre-ceptes dans les juftes qui les violent, & que ce n'a efté que fur des maxi-mes manifeftement erronées, & fur de petites équivoques que l'Eglife a frapé fes fentimens d'anatheme ? Mais que devient voftre qualité de Theologiens & de zelez pour la verité, lors que vous dites *que les feuls qui ont parlé de cette affaire au Roy, font ceux qui ont intereft d'entretenir les brouilleries ?* Vous ne comptez donc pour rien les Evefques de France, leurs affemblées generales & particulieres, les Nonces des Papes, les Vni-verfitez, le Parlement mefme, & le Confeil du Roy, que S. M. a con-

L

fultez plufieurs fois fur ce peril de la Religion & de l'Eftat.

Enfin, n'eft-ce pas renoncer tout-à-fait au furnom facré de Catholique & au nom divin mefme de Chreftien ? N'eft-ce pas tendre les mains aux Schifmatiques d'Angleterre, & aux anciens & nouveaux heretiques, d'ériger le Thrône du Roy devant les Autels, & de le rendre Iuge des jugemens que le S. Siege Apoftolique a prononcez ? L'Empereur Valentinien reconnut qu'il ne luy eftoit pas permis de porter fon Tribunal dans l'Eglife : L'Empereur Conftantin fit la mefme declaration au premier Concile Oecumenique : Gratien en celuy d'Aquilée : Theodofe le Ieune en celuy d'Ephefe : Bafile au Concile V I I I. & tous les Princes Catholiques ont rendu le mefme témoignage toutes les fois que la fraude & la flaterie des heretiques leur a voulu mettre l'encenfoir en la main.

Ne deviez-vous pas vous fouvenir de l'indignation du grand Conftantin contre les Donatiftes, qui refufoient de fubir le jugement du Pape Melchiade & des Evefques Catholiques ? *O audace*, dit-il, *d'une fureur enragée, ils ont appellé à mon Tribunal comme les Payens.* Aurelien Empereur idolâtre n'avoit-il pas déja condamné voftre procedé en la caufe de Paul Samofate, qu'il renvoya aux Evefques d'Italie ? Mais laiffons les anciens heretiques, & voyons combien voftre efprit fchifmatique s'accorde avec les recens. Les Miniftres de Charenton marchant fur les traces de Calvin, & vous les marquant, quoy qu'ils fuffent plus retenus que vous, écrivirent en ces termes à Loüis le Iufte : *Pluft à Dieu qu'il nous fuft permis de propofer nos défenfes de noftre bouche en prefence de V. M. & de pouvoir en public, & en prefence du Roy que Dieu nous a donné, maintenir la verité de l'Evangile contre ceux qui la diffament.*

Que des heretiques tâchent de s'infinuer de la forte par une flaterie erronée dans l'efprit des Princes, il ne s'en faut pas étonner ; puis qu'ils ne reconnoiffent point les droits de la principauté de l'Eglife. Mais comment ceux qui affectent de fe conferver aux yeux du monde le titre & le rang de Catholiques, pourront-ils fe laver de la tache de cette imitation des étrangers ? Qu'ils écoutent ce que dit S. Auguftin ; & puifque c'eft pour luy qu'ils prennent les armes, qu'ils fuivent fes fentimens, & qu'ils s'abftiennent de parler au Roy avec tant d'impoftures, tant de vanitez, & tant d'injures contre S. M. & contre l'Eglife : *Pourquoy demandez-vous encore que voftre caufe foit examinée, apres qu'elle l'a efté déja par le Saint Siege Apoftolique ? Il ne faut donc plus que voftre herefie foit jugée par les Evefques, & beaucoup moins par le Roy: mais elle doit eftre chaftiée par* les Puiffances Chreftiennes. Quid adhuc quæritis examen quod jam factum eft apud Apoftolicam Sedem ? Ergo hærefis ab Epifcopis non adhuc examinanda, fed coërcenda eft Poteftatibus Chriftianis.

S. *Aug. lib.* 1.
oper. perf. cont.
Iul. num. 103.

F I N.